불한 신조어 사전

불·한 신조어 사전

DICTIONNAIRE FRANÇAIS-CORÉEN DE NÉOLOGISMES

인 쇄 2019년 2월 25일
발 행 2019년 3월 5일

편저자 하영동 · 최다혜 · 천우연
발행인 정병석
발행처 전남대학교출판문화원

등 록 1981. 5. 21. 第53호
주 소 61186 광주광역시 북구 용봉로 77
전 화 (062) 530-0571~2 마케팅 530-0573
팩 스 (062) 530-0579
홈페이지 http://www.cnup.co.kr
이메일 cnup0571@hanmail.net

값 13,000원

ISBN 978-89-6849-619-6 (93760)

이 도서의 국립중앙도서관 출판예정도서목록(CIP)은
서지정보유통지원시스템 홈페이지(http://seoji.nl.go.kr)와
국가자료종합목록시스템(http://www.nl.go.kr/kolisnet)에서 이용하실 수 있습니다.
(CIP제어번호 : CIP2019007171)

불한 신조어 사전

하영동 · 최다혜 · 천우연

DICTIONNAIRE FRANÇAIS-CORÉEN DE NÉOLOGISMES

maronie

머리말

언어는 시간의 흐름에 따라 변화한다. 그 변화는 특히 어휘 부분에서 두드러진다. 더 이상 통용되지 않는 낱말이 있는가 하면 새로운 개념이나 현상, 사물 등을 명명하기 위해 새 낱말들이 생겨나기도 한다. 오늘날과 같이 빠른 속도로 변화하고 발전하는 사회에서 신조어의 출현은 일상의 일이 되고, 새롭게 탄생된 낱말들은 인터넷이나 스마트폰, 모바일 매체 등을 통하여 빠르고 광범위하게 확산되는 특징을 지닌다.

하지만 '언어의 거울'이라 인식되는 사전은 시간에 따른 언어의 변화를 즉시 반영하지 못한다. 이는 사전 편찬에 오랜 시간이 요구되는 종이사전의 시대뿐만 아니라 즉각적으로 정보를 업데이트할 수 있는 디지털 시대에도 마찬가지이다. 여기에는 여러 가지 요인이 복합적으로 작용하겠지만, 모든 신조어가 한 언어의 일부로 뿌리내린다는 보장이 없기 때문에 사전편집자 입장에서는 새로운 낱말들이 한 언어의 용법으로 잘 정착할 때까지 기다릴 수밖에 없다는 것이 무엇보다도 가장 중요한 이유가 될 것이다. 사전 편집 원칙에 따라 그 기간은 다소간 차이가 날 수 있겠지만, 사전의 저자들은 일정 기간 관찰을 통하여 '시간의 시험'을 견디어 낸 낱말들만을 사전에 등재한다. 이러한 이유로 신조어의 출현과 등재 사이에는 간극이 존재할 수밖에 없고, 독자들이 새롭게 마주하는 낱말들이 사전에 없을 수도 있는 것이다.

본 사전은 기존 불한사전의 공백을 메우며 사전이용자들의 불편을 일정 부분 해소하는 데 목적이 있다. 우리는 1997년부터 2018년까지 프랑스의 대표적인 사전인 『프티 로베르(Petit Robert)』와 『프티 라루스(Petit Larousse)』에 공통으로 등재된 낱말을 우선적으로 선정하였다. 이 작업에는 프랑스어 어휘 연구가인 카미유 마르티네즈(Camille Martinez) 교수가 매년 인터넷 사이트에 제공하는 신조어 목록이 많은 도움이 되었다. 이 자리를 빌려 마르티네즈 교수에게 감사의 말씀을 전하고 싶다.

이 기본 목록에서 인터넷 프랑스어 사전인 '네이버불한사전'에 이미 등재된 낱말들은 삭제하고 GAFA, ICU 등과 같이 앞의 두 프랑스어 사전에 아직 등재되어 있지 않지만 필요하다고 판단된 일부 낱말들을 추가하였다. 이렇게 선정된 낱말들 가운데는 신조어라 명명하기에는 부적절한 낱말들이 있을 수 있다. 왜냐하면 사전 이용자들이 느끼는 '신조어'라는 느낌은 갈수록 짧아지고 있기 때문이다. 일부 학자에 따르면 1970년대에는 새로운 표현이 더 이상 새롭다고 느껴지지 않을 때까지 약 10년이 걸렸다면 21세기에 들어서는 출현 후 5년만 지나도 신조어라는 느낌이 지속되기 어렵다고 한다. 이런 의미에서 본다면 우리의 사전은 〈최근 20년 동안에 새롭게 등재된 낱말 사전〉으로 명명하는 게 적합할 수도 있을 것이다. 그럼에도 우리는 신조어의 시간적 범위를 명확히 설정하기 어렵고 사전 등재가 신조어 정의의 주요 기준이 되는 만큼 이 사전에 처음으로 들어오는 낱말들을 신조어로 간주하고 사전의 명칭을 〈불·한 신조어 사전〉이라고 하고자 한다.

사전 편집에는 애로사항이 많았다. 먼저, 기술 대상이 신조어라 그런지 표제어의 표기에 차이가 나는 경우가 종종 있었다. 이런 경우 두 표기법을 병기하거나 한 표제어를 대표로 삼고 항목 뒤에 "~라고 표기하기도 함"과 같이 부연 설명을 하였다. 그리고 문법정보에서도 『프티 로베르(Petit Robert)』와 『프티 라루스(Petit Larousse)』 두 사전의 기술에 차이가 나는 경우가 있었는데, 이런 경우 인터넷 검색 등을 통하여 더 많이 쓰인다고 판단되는 것을 기술 대상으로 삼고 부연 설명을 덧붙이기도 하였다. 또한 프랑스와 프랑스어권 국가들의 사회·문화의 변화와 과학·기술의 발전을 반영하는 낱말들에 적절한 등가어를 찾지 못하는 경우가 많았다. 이때에는 백과사전적 설명으로 등가어를 대신하였다. 일부 낱말에 대해서는 등가어를 제시하고도 뜻풀이의 이해를 돕기 위해 보충 설명이나 백과사전적 정보를 주기도 하였다. 이런 점에서 본 사전은 기본적으로 언어사전이지만 부분적으로 백과사전도 겸한다고 할 수 있다.

이 사전의 제작에는 약 5년의 시간이 걸렸다. 그 시간에 비하면 우리의 결과물은 다소 초라해 보일 수도 있다. 그래도 우리의 결과물이 프랑스어를 공부하는 사람들에게 조금이라도 도움이 될 수 있지 않을까 하는 바람으로 이 사전을 세상에 내놓는다. 지금 이 순간 우리는 사전을 완성했다는 기쁨보다는 혹여 잘못된 부분이 있지나 않을까 하는 두려움이 앞선다. 이 세상에 완벽하고 완전한 사전은 없다. 모든 사전은 완성되는 순간 다시 쓰여 질 수밖에 없는 운명을 지니고 있다. 더 나은 개정판을 위하여 우리 편저자들은 독자 여러분의 충고와 질정을 기다린다.

한 권의 사전이 완성되기까지는 많은 사람의 손길이 필요했다. 먼저 이 사전의 기본 자료 작성에 도움을 준 제자 이민경 양과 김성미 양, 현재 파리에서 언어학 박사과정을 밟고 있는 김하나 양, 그리고 교정에 도움을 준 곽상화 양에게 고마움을 표하고 싶다. 힘든 상황에서도 기쁜 마음으로 원고를 꼼꼼하게 읽고 수정해준 나의 첫 번째 독자이자 비판가인 아내에게도 고마운 마음을 전한다. 특별히 박사학위 논문을 완성해야 하는 바쁜 가운데서도 처음부터 끝까지 원고를 읽고 조언을 아끼지 않은 조선대학교의 제레미 에세뜨 (Jérémie Eyssette) 교수에게도 감사드린다. 에세뜨 교수의 지도와 감독이 있어 우리는 훨씬 더 가벼운 마음으로 이 사전을 세상에 내놓을 수 있게 되었다. 마지막으로 출판계의 어려운 사정에도 출간을 맡아준 전남대학교출판문화원에 감사드린다.

2019년 3월 용봉동에서

편저자를 대표하여

하영동

일러두기

1. 표제어 및 어미 변화

(1) 이 사전에는 약 1220개의 표제어가 등재되어 있다. 여기에는 일반 낱말 이외에 전산, 기술, 의학, 화학, 학술 등의 전문어도 수록되어 있다. 그리고 약어나 음절 약어 등도 수록되어 있다. 또한 프랑스 내의 지역어뿐만 아니라 캐나다나 아프리카 등 프랑스어권 국가들에서 쓰이는 지역어들도 다수 수록되어 있다.

(2) 표제어는 볼드체를 사용하여 알파벳 순서로 배열하였다.

(3) 글자는 같되 뜻이 다른 동형 표제어들은 그 오른편에 각각 어깨번호를 붙여 구분하였다.

communautariste^{1}, communautariste^{2}

kanoun^{1}, kanoun^{2}

(4) 대명동사로만 쓰이는 동사 혹은 전치사가 동반하는 표제어의 경우에는 se 또는 전치사를 ( ) 안에 넣어 표제어 뒤에 첨가하였다.

arrache (à l') → à l'arrache

désinscrire (se) → se désinscrire

(5) 표제어의 형태 일부가 다른 경우에는 병기하거나, 한 형태를 대표형으로 정하고 이형태는 〖 〗를 이용하여 제시하였다. 표제어를 병기할 경우 알파벳순 배열에서 앞선 것을 먼저 배치하였다.

pic-bois, pique-bois

djihadiste [dʒi(j)adist] n. 지하디스트 〖jihadiste라고 표기하기도 함〗

(6) 표제어가 어떤 의미나 품사에서 대문자로 시작됨을 나타내는 경우에는 A~와 같이 표시하였다.

africain(e)-américain(e) [afʀikɛ̃ameʀikɛ̃, afʀikɛnameʀikɛn]

a. 아프리카계 미국인의

— A~-A~ n. 아프리카계 미국인

(7) 표제어가 성·수에 따라 변화하는 경우 여성형과 복수형의 어미를 남성형의 표제어 뒤에 병기하였다. 하지만 합성어의 여성형은 ( )를 이용하여 표시하고 복수형을 유추하기 어려운 경우는 복수형 표시를 따로 구분하였다.

adénoviral, ale, aux

hébergeur, euse

africain(e)-américain(e)

beach-volley [bitʃvɔlɛ] n.m. (pl. ~-~s)

→ des beach-volleys

garde-côte [gaʀdəkot] n. (pl. ~s-~s)

→ des gardes-côtes

via ferrata [vjafeʀata] n.f. (pl. ~s ~s)

→ des vias ferratas

2. 문법·의미·화용 정보

(1) 복수로만 쓰이는 명사 표제어는 n.m.pl., n.f.pl.과 같이 표시하였다.

GAFA [gafa] n.m.pl.

croustilles [kʀustij] n.f.pl.

(2) 단수형과 복수형이 동일한 명사 표제어는 n.m.inv., n.f.inv.와 같이 표시하였다.

aloe vera [alɔeveʀa] n.m.inv.

URL [yɛʀɛl] n.f.inv.

(3) 여성형만 있는 형용사나 성·수의 변화가 없는 형용사는 각각 a.f., a.inv.로 표시하였다.

tropézienne [tʀɔpezjɛn] a.f.

bling-bling [bliŋbliŋ] a.inv.

(4) 뜻이 다양한 경우에는 1, 2, 3 …의 번호로 구분하였고, 뜻이 비슷한 의미는 세미콜론(;)으로 구분하였다.

(5) 표제어의 사용이 공간적으로 제한된 경우 [ ] 안에 '지역어' 표지를 달고 그 뒤에 사용지역을 표시하였다. '지역어' 표지 없이 사용지역만 표시된 경우는 그 지역에 한정된 특정 사물이나 현상 등을 나타낸다.

bisser [bise] v.t. 1. [지역어: 벨기에; 콩고민주공화국; 르완다] 유급하다

clavardage [klavaʀdaʒ] n.m. [지역어: 캐나다] 채팅

chorba [ʃɔʀba] n.f. [마그레브] 쇼르바(아랍 지역의 수프의 일종)

(6) 구어, 은어 등 화계정보는 < > 안에, 전문·학술 용어는 〖 〗 안에 표시하였다.

couillu, ue [kujy] a. <구어> 용기 있는, 대담한

capodastre [kapodastʀ] n.m. 〖음악〗 기타용 카포

(7) 표제어의 역할을 할 수 있는 숙어, 관용구, 두 낱말 이상으로 이루어진 전문어의 경우 중심 표제어의 풀이 속에 첫 글자를 대문자로 하여 이탤릭체로 표기하였다.

yoyoter [jɔjɔte] v.i. <구어> … *Yoyoter de la touffe* 이성을 잃다, 미치다

acousmatique [akusmatik] a. *Musique acousmatique* 아쿠스마틱 음악

bariatrique [baʀjatʀik] a. 〖학술〗 *Chirurgie bariatrique* 비만대사수술

(8) 등가어의 이해를 돕기 위해 보충 설명이나 백과사전적 정보를 《 》 안에 실었다.

3. 기호 일람

[ ]	1. 발음 표시 2. 지역어 표시
( )	1. 복수형태 2. 생략 가능한 글자나 표제어의 뜻을 보충
〚 〛	상표명 표시
< >	영어 차용 및 구어, 은어 등 화계 정보
〖 〗	전문용어의 사용 영역 표시
⸨ ⸩	백과정보
⁽ ⁾	약어, 음절 약어, 축약의 표시
【 】	표제어의 이형태 표시
〔 〕	차용어에 대한 권장어 표시
—	표제어의 다른 품사나, 파생어를 표시
†	유음 h 표시
/	교체 가능성 표시
~	복수형을 나타낼 때 표제어를 대신

4. 약어표

a.	adjectif 형용사
adv.	adverbe 부사
a.f.	adjectif féminin 여성형용사
a.inv.	adjectif invariable 형용사불변
interj.	interjection 감탄사
loc.adv.	locution adverbiale 부사구
n.	nom 명사
n.f.	nom féminin 여성명사
n.f.inv.	nom féminin invariable 여성명사불변
n.f.pl.	nom féminin pluriel 여성복수명사
n.m.	nom masculin 남성명사
n.m.inv.	nom masculin invariable 남성명사불변
n.m.pl.	nom masculin pluriel 남성복수명사
pl.	pluriel 복수
préf.	préfixe 접두사
pron.indéf.	pronom indéfini 부정대명사
v.	verbe 동사
v.i.	verbe intransitif 자동사
v.imp.	verbe impersonnel 비인칭동사
v.pron.	verbe pronominal 대명동사
v.t.	verbe transitif 타동사
v.t.ind.	verbe transitif indirect 간접타동사

FRENCH
bonjour!
Bonjour!
불·한
신조어 사전

A

abénaquis, ise [abenaki, iz] a. 아베나키족의
— n. 아베나키족
— n.m. 아베나키어, 아메리카 인디언어

aboiteau [abwato] n.m. [지역어: 캐나다] (개폐문이 달린) 제방, 둑 les aboiteaux d'Acadie 아카디아의 제방

abonde [abɔ̃d] n.f. [지역어: 리옹, 중부지방] 이익, 이득 *Faire de l'abonde* 이익이 되다

abrier [abʀije] [지역어: 서부지방; 캐나다; 루이지애나] v.t. 1. 이불을 덮다 abrier un bébé 아기에게 이불을 덮어주다 2. 숨다 3. 감추다, 은폐하다 abrier un scandale 스캔들을 은폐하다
— s'abrier v.pron. 옷을 입다, 따뜻하게 입다 s'abrier sous une couverture 담요를 덮다

abstract [apstʀakt] n.m. <영> 초록, 개요 les abstracts d'un congrès 학회 초록 〔권장: résumé〕

abuseur, euse [abyzœʀ, øz] n. 아동 성적 학대자
— a. 아동 성적 학대자의, 학대하는 père abuseur 학대하는 아버지

acadianisme [akadjanism] n.m. (프랑스어의) 아카디아 어법, 아카디아 말투

açaï [asaj] n.m. 아사이베리

acathisie, akathisie [akatizi] n.f. 〖의학〗 정좌불능 ((가만히 앉은 채로 있을 수 없는 상태)) 〘acathésie라고 표기하기도 함〙

acathisique [akatizik] a. 정좌불능의 malade acathisique 정좌불능 환자

accidentalité [aksidɑ̃talite] n.f. 〖통계〗 사고율 accidentalité routière 교통사고율

accidentogène [aksidɑ̃tɔʒɛn] a. 교통사고를 유발하는 un virage accidentogène 사고를 유발하는 커브길 L'alcool et la vitesse sont des facteurs accidentogènes. 술과 속력은 교통사고를 유발하는 요인이다

accidentologue [aksidɑ̃tɔlɔg] n. 교통사고 연구가

accompagnant, ante [akɔ̃paɲɑ̃, ɑ̃t] n. 1. 인솔자, 가이드 accompagnant d'un congressiste (회의·학회) 참가자의 인솔자 visiteurs et accompagnant d'un malade hospitalisé 입원 환자의 방문객들과 안내자 2. 호스피스

accrobranche, acrobranche [akʀɔbʀɑ̃ʃ] n.f. 타잔놀이 ((안전장비를 갖추고 나무와 나무 사이를 옮겨 다니는 활동))

acéricole [aseʀikɔl] a. 설탕단풍나무 재배의

acériculteur, trice [aseʀikyltœʀ, tʀis] n. 설탕단풍나무 재배자

acériculture [aseʀikyltyʀ] n.f. 설탕단풍나무 재배

acerola, acérola [aseʀɔla] n.m. 아세롤라 ((중앙아메리카 및 카리브해 지역에 분포하는 열대 우림 지역의 야자수나 그 열매)) L'acérola est très riche en vitamine C. 아세롤라는 비타민 C가 풍부하다

achalant, ante [aʃalɑ̃, ɑ̃t] [지역어: 캐나다] <구어> a. 방해하는, 귀찮게 하는 un bruit achalant 방해하는 소음
— n. 방해꾼

achalasie [akalazi] n.f. 〖의학〗 분문 무이완증, 식도분문경련 ((식도에 통과장애가 있어 이상 확장이 일어나는 것))

achaler [aʃale] v.t. [지역어: 서부지방; 캐나다] <구어> 괴롭히다, 방해하다 Cessez de m'achaler ! 나를 그만 좀 괴롭히세요!

achoura [aʃuʀa] n.f. [마그레브; 흑아프리카] 아슈라 ((이슬람 시아파의 최대 종교 행사)) célébrer l'achoura 아슈라를 기념하다

acido-basique [asidobɑzik] a. 〖화학〗 산·염기의 réactions acido-basiques 산·염기 반응; 〖생리〗 *Équilibre acido-basique* 산·염기평형

acinus [asinys] n.m. 〖해부〗 샘꽈리 les acinus du sein 유방 샘꽈리

acousmatique [akusmatik] a. *Musique acousmatique* 아쿠스마틱 음악
— n.f. 아쿠스마틱 électroacoustique et acousmatique 전기음향학과 아쿠스마틱

acromial, iale, iaux [akʀɔmjal, jo] a. 〚해부〛 견봉의

acroparesthésie [akʀopaʀɛstezi] n.f. 〚의학〛 손발 감각장애

acrosport [akʀospɔʀ] n.m. 아크로바틱 체조

actanciel, ielle [aktɑ̃sjɛl] a. 〚학술〛 행위자의

actinoptérygiens [aktinopteʀiʒjɛ̃] n.m.pl. 〚동물〛 경골 어류의 하위 부류

addict [adikt] <영> a. 중독된 être addict au tabac 담배에 중독되다 être addict à l'alcool 알코올에 중독되다
— n. 중독자 les addicts des jeux vidéo 비디오 게임 중독자

addictologie [adiktɔlɔʒi] n.f. 중독학

addictologue [adiktɔlɔg] n. 중독 치료 전문가

adénoviral, ale, aux [adenoviʀal, o] a. 아데노바이러스의 infection adénovirale 아데노바이러스 전염

adénovirus [adenoviʀys] n.m. 〚의학·세균〛 아데노바이러스

ADP, A.D.P. [ɑdepe] n.f. 〚생화학〛 아데노신이인산 《Adénosine diphosphate의 약어》

adulescent, ente [adylesɑ̃, ɑ̃t] n. 키덜트 ((어린이들 같은 감성과 취향을 가진 성인))
— a. 키덜트의

aérodigestif, ive [aeʀodiʒɛstif, iv] a. 〖의학〗 호흡 소화기관의

aérogel [aeʀɔʒɛl] n.m. 〖화학〗 에어로젤 L'aérogel est un excellent isolant thermique. 에어로젤은 뛰어난 열절연체이다

aéromodéliste [aeʀomɔdelist] n. 항공기 모형 제조자

affabulateur, trice [afabylatœʀ, tʀis] a. 공상허언증 환자의
— n. 공상허언증 환자

affiché, ée [afiʃe] a. 공개된, 드러난 un objectif clairement affiché 분명하게 드러난 목적

africain(e)-américain(e) [afʀikɛ̃ameʀikɛ̃, afʀikɛnameʀikɛn] a. 아프리카계 미국인의 les athlètes africaines-américaines 아프리카계 미국인 육상선수들
— A~-A~ n. 아프리카계 미국인

after [aftœʀ] n.m. <영> 뒷풀이 organiser des afters 뒷풀이를 기획하다/계획하다

agapanthe [agapɑ̃t] n.f. 아가판서스 ((아프리카가 원산지인 백합과의 외떡잎식물))

agender [aʒɛ̃de; aʒɑ̃de] v.t. [지역어: 스위스] 1. 수첩에 적다/기록하다 évènements à agender 수첩에 기록할 사건들 2. 날짜를 잡다 agender un débat 토론 날짜를 잡다

agrégateur [agʀegatœʀ] n.m. 〚전산〛 뉴스 애그리게이터 ((웹사이트 소유자가 헤드라인을 직접 모아놓은 웹사이트))

agrocarburant [agʀokaʀbyʀɑ̃] n.m. 식물성 대체 연료

agrochimique [agʀoʃimik] a. 농화학의

agrochimiste [agʀoʃimist] n. 농화학 전문가

agroécologie [agʀoekɔlɔʒi] n.f. 〚학술〛 농업생태학

agroécologique [agʀoekɔlɔʒik] a. 농업생태학의

agroforesterie [agʀofɔʀɛstəʀi] n.f. 〚농학〛 혼농임업 ((농작물과 임업용 나무를 같이 심는 경작 형태))

agrosystème [agʀosistɛm] n.m. 〚학술〛 (논과 같이) 인간에 의해 개발·경작된 생태계

aidant, ante [ɛdɑ̃, ɑ̃t] n. 도우미 aidants familiaux 가족도우미 aidants professionnels 직업도우미; *Aidant naturel* [캐나다] (환자를 돕는) 가족이나 측근
— a. 도우미의

alcoolier, ière [alkɔlje, jɛʀ] n. 주류제조업자 les alcooliers et les cigarettiers 주류제조업자와 담배제조업자
— a. 주류제조업자의, 주류제조업의 l'industrie alcoolière 주류제조산업

alfalfa [alfalfa] n.f. 알팔파(콩과의 여러해살이풀)

algodystrophie [algodistʀɔfi] n.f. 〖의학〗 동통성 발육이상

algologie [algɔlɔʒi] n.f. 〖의학〗 통증학

algologue [algɔlɔg] n. 통증전문의

alicament [alikamɑ̃] n.m. 기능성 식품

alien [aljɛn] n. <영> 외계인; 이방인, 외지인 passer pour un alien 외계인처럼 보이다, 외계인으로 통하다

aloe vera [alɔeveʀa] n.m.inv. 〖식물〗 알로에베라 gel d'aloe vera 알로에베라 젤

altermondialisation [altɛʀmɔ̃djalizasjɔ̃] n.f. 대안세계화 운동

amaretto [amaʀeto] n.m. 아마레토(이탈리아의 증류주)

ambianceur, euse [ɑ̃bjɑ̃sœʀ, øz] n. [지역어: 알제리; 흑아프리카] 분위기메이커

aminoside [aminozid] n.m. 〖의학〗 아미노글리코사이드 《특정 형태의 세균에 효과적인 항균성 항생물질》

amish [amiʃ] n.inv. 아미시 《보수적인 개신교의 한 교파》 Les amish refusent les apports de la société moderne. 아미시는 현대 사회의 문명의 이기를 거부한다
— a.inv. 아미시의 les coutumes amish 아미시 관습

analepse [analɛps] n.f. 〖학술〗 소급제시 《현재 시점보다 앞서 일어난 사건을 제시하는 것》

anosognosie [anozɔgnozi] n.f. 〚의학〛 질병인식불능, 질병인식불능증 anosognosie de l'aphasique 실어증 환자의 질병인식불능(증)

antépisode [ɑ̃tepizɔd] n.m. [캐나다] 프리퀄 ⦅오리지널 영화에서 진행한 이야기보다 선행하는 사건을 담은 속편영화⦆

anthropisation [ɑ̃tʀɔpizasjɔ̃] n.f. 〚학술〛 (인간에 의한) 자연 환경 변화 La déforestation est une anthropisation. 산림 벌채는 인간에 의한 자연 환경 변화이다

anthropocène [ɑ̃tʀɔpɔsɛn] n.m. 〚지질〛 인류세 L'anthropocène commencerait avec la machine à vapeur. 인류세는 증기 기관과 함께 시작되었을 것이다

antibactérien, ienne [ɑ̃tibakteʀjɛ̃, jɛn] a. 항균의 savon antibactérien 항균 비누

antibiorésistance [ɑ̃tibjoʀezistɑ̃s] n.f. 〚생물〛 내성

antibiorésistant, ante [ɑ̃tibjoʀezistɑ̃, ɑ̃t] a. 내성의

antiémeute [ɑ̃tiemøt] a. 폭동 진압의 unités antiémeutes 폭동 진압 부대 〘antiémeutes; anti-émeutes라고 표기하기도 함〙

antimondialisation [ɑ̃timɔ̃djalizasjɔ̃] n.f. 반세계화 운동
— a.inv. 반세계화 운동의 les militants antimondialisation 반세계화 운동가/활동가

antimondialiste [ɑ̃timɔ̃djalist] a. 반세계화 운동의 mouvement antimondialiste 반세계화 운동
— n. 반세계화 운동가/활동가

antiprotéase [ɑ̃tipʀɔteɑz] n.f. 〖생화학·세균〗 안티프로테아제

antirétroviral, ale, aux [ɑ̃tiʀetʀoviʀal, o] 〖세균〗 a. 안티레트로바이러스의
— n.m. 안티레트로바이러스

antiterrorisme [ɑ̃titeʀɔʀism] n.m. 테러방지 Quels sont les moyens de l'antiterrorisme en France ? 프랑스의 테러방지 수단은 무엇인가?

antivirus [ɑ̃tiviʀys] n.m. 〖전산〗 컴퓨터 백신

apoptose [apɔptoz] n.f. 〖생물·세포〗 세포자살

apoptotique [apɔptɔtik] a. 세포자살의

apponse [apɔ̃s] n.f. [지역어: 중동부지방; 스위스] <구어> 접점; 만날 장소

aquabike [akwabajk] n.m. 〖상표명〗 <영> 아쿠아 바이크, 수중 자전거 cours d'aquabike 아쿠아 바이크 수업 faire de l'aquabike 아쿠아 바이크를 타다 〘aquabiking [akwabajkiŋ]이라고 하기도 함〙 〔권장: aquacycle〕

archées [aʀke] n.f.pl. 〖미생물〗 고세균 Les archées étaient autrefois classées parmi les bactéries. 이전에 고세균은 박테리아로 분류되었다

argan [aʀgɑ̃] n.m. 아르간 열매 huile d'argan 아르간 오일

argouse [aʀguz] n.f. 산자나무 열매

aromaticien, ienne [aʀɔmatisjɛ̃, jɛn] n. 조향사

arrache (à l') [alaʀaʃ] loc.adv. <구어> 1. 가까스로, 겨우 Le ministre a fait voter la loi à l'arrache. 장관은 가까스로 그 법률을 가결시켰다 2. 대강, 대충, 되는대로, 아무렇게나 terminer un projet à l'arrache 프로젝트를 대충 끝내다

art-thérapie [aʀteʀapi] n.f. 미술 치료, 예술 치료

arty [aʀti] a.inv. <영> 전위 예술적인 habiter un quartier arty 전위 예술 구역에 살다

ascensoriste [asɑ̃sɔʀist] n. 승강기 기사

astérosismologie [asteʀosismɔlɔʒi] n.f. 〖천문〗 성진학

astroparticule [astʀopaʀtikyl] n.f. 〖천문·물리〗 1. 천체입자물리학 2. 고에너지입자

atopie [atɔpi] n.f. 〖병리학〗 아토피

atopique [atɔpik] a. 아토피의 enfant atopique 아토피를 앓는 어린이 les allergiques et les atopiques 알레르기를 앓는 사람들과 아토피를 앓는 사람들

atterrisseur [ateʀisœʀ] n.m. 〖항공〗 착륙선

audiodescription [odjodɛskʀipsjɔ̃] n.f. 오디오 묘사, 오디오 해설 programme de télévision en audiodescription 오디오 묘사가 있는 텔레비전 프로그램

audiovision [odjovizjɔ̃] n.f. 오디오 묘사, 오디오 해설 suivre un film en audiovision 영화를 오디오 묘사로 보다

augmenté, ée [ɔgmɑ̃te] a. *Être humain augmenté* 증강 인간 ((첨단 장치를 이용해 인간의 신체 및 인지 능력이 향상된 인간))

autoédition [otoedisjɔ̃] n.f. 자가 출판 L'impression numérique permet l'autoédition. 전자 출판은 자가 출판을 가능하게 한다

autoentrepreneur, euse [otoɑ̃tʀəpʀənœʀ, øz] n. 〖법률〗 일인 기업가

autofiction [otofiksjɔ̃] n.f. 〖학술〗 팩션 ((역사적 사실에 상상력을 덧붙인 새로운 장르))

autoflagellation [otoflaʒelasjɔ̃] n.f. 자학 se complaire dans l'autoflagellation 자학을 즐기다

autoflageller (s') [otoflaʒele] v.pron. 자학하다

autogoal [otogol] n.m. [지역어: 벨기에; 스위스] 자살골, 자책골 marquer un autogoal 자살골을 넣다

autopartage [otopaʀtaʒ] n.m. 카셰어링 société d'autopartage 카셰어링 회사

autoproduction [otopʀɔdyksjɔ̃] n.f. 1. 자가생산 2. 자체제작, 자체제작된 제품 Son album est une autoproduction. 그의 앨범은 자체제작된 것이다

auto-scooter [otoskutœʀ; otoskutɛʀ] n.m.,n.f. [지역어: 벨기에; 룩셈부르크] 범퍼카

B

babelute, babelutte [bablyt] n.f. [지역어: 피카르디; 벨기에] 카라멜

babiche [babiʃ] n.f. [캐나다] 가죽끈

babyboomer, baby-boomer [babibumœʀ; bebibumœʀ] n.m., **babyboumeur, euse** [babibumœʀ, øz; bebibumœʀ, øz] n. <영> 베이비부머 le départ en retraite des babyboomers/des babyboumeurs 베이비부머 세대의 은퇴 시작

bader [bade] [지역어: 남부지방] v.i. 한가로이 거닐다
— v.t. 선망의 시선으로 보다

badger [badʒe] v.i. 출퇴근 체크기를 사용하다

badgeuse [badʒøz] n.f. 출퇴근 체크기

bagel [begœl; bagɛl] n.m. 베이글 des bagels au saumon 연어 베이글

baggy [bagi] (pl. ~s) <영> n.m. 배기바지 《복수형에서 baggies 라고 표기하기도 함》
— a. 배기바지의 des bermudas baggys 배기 반바지

baïne [bain] n.f. [지역어: 남서부지방] 작은 만

baladodiffusion [baladodifyzjɔ̃] n.f. [캐나다] 팟캐스트

bardasser [baʀdase] [캐나다] <구어> v.i. 1. (분노를 표출하기 위해) 소리를 내다 Arrêtez un peu de bardasser ! 소리 좀 내지 말아주세요! 2. 잡일하다, 허드렛일하다 J'ai passé la journée à bardasser. 나는 허드렛일하면서 하루를 보냈다
— v.t. 1. 요란하게 옮기다, 조심성 없이 다루다 bardasser des meubles 가구를 요란하게 옮기다 2. 난폭하게 다루다, 함부로 대하다, 거칠게 다루다

barémique [baʀemik] a. [지역어: 벨기에] 계산표의, 채점표의

bariatrique [baʀjatʀik] a. 〖학술〗 *Chirurgie bariatrique* 비만 대사수술

barjaquer [baʀʒake] v.i. [지역어: 동부지방, 남동지방, 프로방스; 스위스] <구어> 함부로 말하다, 지껄이다

barnum [baʀnɔm] n.m. 천막 louer un barnum 천막을 빌리다

bas-culotte [bɑkylɔt] n.m. (pl. ~-~s) [캐나다] 팬티 스타킹

batucada [batukada] n.f. 바투카다 《브라질 흑인들의 집단적인 춤》

beach-volley [bitʃvɔlɛ] n.m. (pl. ~-~s) <영> 비치발리볼 〔권장: volley sur sable〕

bebelle [bəbɛl], **bébelle** [bebɛl] n.f. [캐나다; 루이지애나] <구어> 1. 장난감 Range tes bébelles ! 장난감을 정리해! 2. 잡동사니 Tu dépenses mon argent à des bébelles. 너는 잡동사니에 내 돈을 쓰고 있다 3. (실용성이 없는) 신기한 물건 *Faire bébelle à qqn* [벨기에] 아부하다, 아첨하다 faire bébelle à son patron 고용주에게 아첨하다

bebite [bəbit], **bébite** [bebit] n.f. [캐나다; 바누아투; 세이셸] <구어> 1. 곤충 se faire piquer par des bébites 곤충에 물리다 2. 작은 짐승 ⁅bibit(t)e [bibit]라고 표기하기도 함⁆

bendir [bɛndiʀ] n.m. [마그레브] 벤디르 ⸨손으로 쳐서 연주하는 납작한 북⸩

bénichon [beniʃɔ̃] n.f. [스위스] 베니숑 ⸨프리부르 지역의 전통 축제⸩

bento [bɛnto] n.m. 도시락

berimbau [beʀimbo] n.m. 베림바우 ⸨아프리카에서 유래한 현악기⸩

best of [bɛstɔf] n.m.inv. <영> 베스트 모음집

bêtacarotène [bɛtakaʀɔtɛn] n.m. 〚생화학〛 베타카로틴

biathlète [biatlɛt] n. 바이애슬론 선수

bienfacture [bjɛ̃faktyʀ] n.f. [지역어: 스위스] 공들여 만듦

bien-pensance [bjɛ̃pɑ̃sɑ̃s] n.f. <문어> 보수적 성향, 보수적 의견, 보수적 태도 le poids de la bien-pensance 보수적 의견의 영향력

bientraitance [bjɛ̃tʀɛtɑ̃s] n.f. 대접, 존중 mesures en faveur de la bientraitance des personnes âgées 노인 공경 대책

big data [bigdata] n.m. <영> 빅데이터 〔권장: mégadonnées〕

bilangue [bilɑ̃g] a. *Classe bilangue* 두 개의 언어를 실시하는 학급

bimbo [bimbo] n.f. <영> (머리가 빈) 섹시한 여자

bimédia [bimedja] a. 두 개 매체를 사용하는 campagne publicitaire bimédia 두 개 매체 광고 캠페인

biodéchet [bjodeʃɛ] n.m. 〚학술〛 바이오 폐기물, 유기물 폐기물

biodynamie [bjodinami] n.f. 비오디나미 농법 ((자연의 주기에 따르는 자연 친화적 유기농법))

bioéthanol [bjoetanɔl] n.m. 바이오에탄올

biogaz [bjogɑz] n.m. 바이오가스

bio-informatique [bjoɛ̃fɔʀmatik] n.f. 생물정보학
— a. 생물정보학의

biomarqueur [bjomaʀkœʀ] n.m. 〚의학·생태학〛 바이오마커 ((단백질, DNA, 대사 물질 등을 이용해 신체 내의 변화를 알아낼 수 있는 지표))

biométrique [bjɔmetʀik] a. 생체인증의 carte d'identité biométrique 생체인증 신분증

biomimétisme [bjomimetism] n.m. 〖학술〗 생체모방, 생체공학

biomoléculaire [bjomɔlekylɛʀ] a. 분자생물학의

biopic [bjɔpik] n.m. <영> 전기 영화 ((실존 인물을 다루며 실제와 허구가 공존하는 영화)) les biopics hollywoodiens 할리우드 전기 영화 〔권장: film biographique〕

biopuce [bjopys] n.f. 〖생화학〗 바이오칩 ((생체 유기물과 무기물을 조합하여 반도체칩 형태로 만든 혼성 소자))

bioterroriste [bjoteʀɔʀist] a. 생화학 테러리스트의
— n. 생화학 테러리스트

birdie [bœʀdi] n.m. (골프) 버디 des birdies 버디 〖un birdy; des birdys라고 표기하기도 함〗

bisphénol [bisfenɔl] n.m. 〖화학〗 비스페놀

bisser [bise] v.t. 1. [지역어: 벨기에; 콩고민주공화국; 르완다] 유급하다 des enfants qui n'ont jamais bissé 결코 유급하지 않은 아이들 2. [중앙아프리카] (한 여성에게) 두 번째로 춤을 청하다 J'ai bien aimé danser avec cette femme, je vais la bisser. 나는 이 여인과 춤을 추며 즐겼다, 나는 그녀에게 다시 춤을 청할 것이다

bisseur, euse [bisœʀ, øz] [지역어: 벨기에; 콩고민주공화국; 르완다] n. 유급생, 낙제생
— a. 유급생의, 낙제생의 étudiants bisseurs 유급생

bistronomie [bistʀɔnɔmi] n.f. 〖상표명〗 비스트로노미 ((비스트로(Bistro)와 미식(Gastronomie)을 축약한 단어로, 가족 혹은 친구 한 두 명과 찾을 수 있는 편안한 분위기의 작은 공간에서 창의적인 요리를 즐긴다는 의미))

bistronomique [bistʀɔnɔmik] a. 비스트로노미의 restaurant bistronomique 비스트로노미 식당 menu bistronomique 비스트로노미 메뉴

bitcoin [bitkɔjn] n.m. 〖상표명〗 <영> 비트코인, 암호화폐

blablater [blablate] v.i. <구어> <경멸> 수다 떨다, 지껄이다 Arrête de blablater ! 그만 지껄여!

blast [blast] n.m. <영> 1. (폭발에 의한) 충격파 2. 〖의학〗 파열 blast tympanique 고막 파열 blast pulmonaire 폐 파열

blender [blɛndɛʀ; blɛndœʀ] n.m. <영> 믹서기 préparer un smoothie avec un blender 믹서기로 스무디를 준비하다

bling-bling [bliŋbliŋ] <구어> a.inv. (화려하게) 반짝이는 des accessoires bling-bling 반짝이는 액세서리
— n.m.inv. 블링블링

blockbuster [blɔkbœstœʀ] n.m. <영> 1. 블록버스터 les blockbusters hollywoodiens 할리우드 블록버스터 〔권장: grosse machine〕 2. 〖상업〗 큰 이익을 가져다주는 약

blogosphère [blɔgɔsfɛʀ] n.f. 블로고스피어 ((인터넷에 형성된 가상 세계))

bloguer [blɔge] v.i. 블로그를 운영하다

blogueur, euse [blɔgœʀ, øz] n. 블로거 devenir un blogueur influent 영향력 있는 블로거가 되다

Bluetooth [blutus] n.m. ⟦상표명⟧ <영> 블루투스 activer le Bluetooth 블루투스를 활성화하다 désactiver le Bluetooth 블루투스를 비활성화하다 Je n'arrive pas à connecter mon appareil en Bluetooth. 나는 내 기기를 블루투스로 연결할 수 없다

bluffant, ante [blœfɑ̃, ɑ̃t] a. <구어> 인상적인 une interprétation bluffante 인상적인 연기 Ce nouveau robot est bluffant. 이 새로봇은 인상적이다

bobettes [bɔbɛt] n.f.pl. [캐나다] <구어> (슬립이나 팬티와 같은) 속옷 dormir en bobettes 속옷 차림으로 자다

bobo [bobo] <영> n. 보보족 ((bourgeois bohemian의 영어 음절 약어))

— a. 보보족의

bo bun, bobun [bɔbun] n.m. 보분(베트남 음식) manger un bon bo bun 맛있는 보분을 먹다

bodega, bodéga [bɔdega] n.f. 보데가(스페인 선술집) manger des tapas dans une bodega 보데가에서 타파스를 먹다

bodyboard [bɔdibɔʀd] n.m. <영> 보디보드 〔권장: planche ventrale〕

boguer [bɔge] v.i. 〖전산〗 버그가 생기다 Mon ordinateur bogue sans arrêt. 내 컴퓨터는 끊임없이 버그가 생긴다

bohrium [bɔʀjɔm] n.m. 〖화학〗 보륨 《원자번호 107번의 원소, 원소 기호는 Bh》

boloss [bɔlɔs; bolos] <구어> n. 순진한 사람, 바보 《bolosse; bolos라고 표기하기도 함》
— a. 순진한, 바보 같은 Tu es trop boloss. 너는 너무 바보 같아

bomber [bɔ̃bœʀ], **bombers** [bɔ̃bœʀs] n.m. <영> 봄버 재킷 《품은 넉넉하고 기장은 허리길이이며 소매단과 밑단에 밴드가 달린 항공 재킷》

bonbec [bɔ̃bɛk] n.m. <구어> 사탕

booster [buste] v.t. <영> <구어> 가속화하다, 촉진하다 campagne publicitaire qui booste les ventes 소비를 촉진하는 광고 캠페인 booster les échanges commerciaux avec l'Afrique 아프리카와 무역을 촉진하다 〔권장: relancer〕

botox [bɔtɔks] n.m. 〖상표명〗 보톡스 《botulinum toxin의 영어 음절 약어》 Il est déconseillé de piquer au botox. 보톡스 주사 맞는 것을 권장하지 않는다 Le botox est un médicament en piqûres pour tenter de diminuer les rides du visage. 보톡스는 얼굴 주름을 없애는 주사 치료이다

botoxé, ée [bɔtɔkse] a. 보톡스를 맞은 actrice botoxée 보톡스를 맞은 여배우

bouette [bwɛt] n.f. [캐나다] <구어> 1. 진흙, 진흙탕 jouer dans la bouette 진흙탕 속에서 놀다 2. 눈 진창

bouléguer [bulege] v.t. [지역어: 남부지방] 흔들다, 휘젓다, 움직이다 bouléguer des pièces dans sa poche 주머니 속에서 동전을 흔들다

boulgour [bulguʀ] n.m. 불구르 ((몇 가지 종류의 밀알을 곱게 또는 굵직하게 빻아서 한 번 찐 후 말린 식재료))

bourrasser [buʀase] [지역어: 캐나다] <구어> v.t. 난폭하게 다루다, 거칠게 다루다
— v.i. 투덜거리다, 불평하다

bourre-pif [buʀpif] n.m. (pl. ~-~s) <구어> 얼굴 가격, 주먹질

boutis [buti(s)] n.m. 부티자수

brachiosaure [bʀakjɔzɔʀ] n.m. 〖동물〗 브라키오사우루스

bradypnée [bʀadipne] n.f. 느린호흡, 완서호흡

brasse-camarade [bʀaskamaʀad] n.m. (pl. ~-~s) [지역어: 캐나다] <구어> 소란, 법석, 언쟁, 논쟁 les brasse-camarades de fin de partie 경기 이후의 소란 Pendant la manifestation, il y a eu du brasse-camarade. 시위 중에 소란이 있었다

brèle, brêle [bʀɛl] n.f. <구어> 무능력자, 형편없는 사람 Quelle brèle, ce type ! 이런 형편없는 사람 같으니!

brevetabilité [bʀəv(ə)tabilite] n.f. 특허가능성

brevetage [bʀəvtaʒ] n.m. 특허부여 le brevetage d'une invention 발명품 특허부여

brol [bʀɔl] n.m. [지역어: 벨기에] <구어> 뒤죽박죽, 무질서, 혼란; 잡동사니 Il y a du brol partout. 도처가 난장판이다 Range ton brol ! 네 잡동사니 좀 정리해!

bronchiolite [bʀɔ̃kjɔlit] n.f. 〖의학〗 모세기관지염

bronchodilatateur, trice [bʀɔ̃kodilatatœʀ, tʀis] 〖의학〗 a. 기관지 확장의

— n.m. 기관지 확장제

bronchospasme [bʀɔ̃kospasm] n.m. 〖의학〗 기관지 경련

bruschetta [bʀusketa; bʀuskɛtta] n.f. 브루스케타 ((납작하게 잘라 구운 빵 위에 각종 재료를 얹어 먹는 전채요리))

burn-out [bœʀnaut] n.m.inv. <영> 극도의 피로, 번 아웃 〔권장: syndrome d'épuisement professionnel〕

burrata [buʀata] n.f. 부라타 ((모차렐라와 크림으로 만든 이탈리아의 치즈))

buto, butô [byto; buto] n.m. 부토 ((일본의 전통극이 서양의 현대무용과 만나 탄생한 무용의 한 장르)) spectacle de buto 부토 공연

buzz [bœz] n.m. <영> 1. 버즈 마케팅, 입소문 마케팅 2. 잡음, 소문 créer un buzz sur internet 인터넷상에서 소문을 만들다 La gaffe du ministre a fait le buzz. 장관의 실언이 잡음을 일으켰다 〔권장: bouche à oreille〕

buzzer [bœze] v.i. <영> 잡음을 내다, 소문을 내다 La maladresse du ministre de l’Éducation buzze depuis une semaine. 교육부 장관의 실수가 일주일 전부터 잡음을 내고 있다

C

cacaille [kakaj] n.f. [지역어: 북부지방; 벨기에] <구어> 싸구려 물건 Cette robe, c'est de la cacaille ! 이 원피스, 그거 싸구려야!

cachaça [kaʃasa] n.f. 카샤사 ((사탕수수를 증류시켜 만든 브라질의 민속주))

cacou [kaku] n.m. [지역어: 마르세유] 허세부리는 남자 *Faire le (son) cacou* 허세를 부리다, 잘난 체하다

cagole [kagɔl] n.f. [지역어: 마르세유] <구어> 상스러운 여자, 저속한 여자

caillant, ante [kajɑ̃, ɑ̃t] a. [지역어: 벨기에] <구어> 매우 찬 Il fait caillant. 날씨가 매우 춥다 L'eau est caillante. 물이 매우 차다

caïpirinha [kajpiʀiɲa] n.f. 카이피리냐(칵테일의 한 종류)

calade [kalad] n.f. [지역어: 남동지방] 자갈이나 조약돌로 포장된 길

calendula [kalɑ̃dyla] n.m. 〖식물〗 금잔화 pommade au calendula 금잔화 연고

caméo [kameo] n.m. 카메오, 단역 출연자

campanaire [kɑ̃panɛʀ] a. 〖학술〗 종의

campaniste [kɑ̃panist] n. 종·대형시계 전문가

candidater [kɑ̃didate] v.t.ind. 지원하다 candidater au poste de directeur 부장직을 지원하다

capé, ée [kape] a. 〖운동〗 국가대표선수의, 많은 승리를 거둔 les joueurs les plus capés de l'histoire du rugby français 프랑스 럭비 역사상 가장 많은 승리를 거둔 선수들

capodastre [kapodastʀ] n.m. 〖음악〗 기타용 카포

captcha [kaptʃa] n.m. 〖전산〗 캡차 ⦅사람과 컴퓨터를 구별하기 위한 자동 계정 생성 방지 기술⦆ ⦅Completely Automated Public Turing test to tell Computers and Humans Apart의 영어 음절 약어⦆ 〔권장: test captcha〕

carbocation [kaʀbokatjɔ̃] n.m. 〖화학〗 카보양이온 ⦅양전하가 탄소에 존재하는 탄소 양이온의 총칭⦆

carbonara [kaʀbɔnaʀa] n.f. 카르보나라 ⦅햄과 달걀을 넣은 파스타용 소스⦆ sauce carbonara 카르보나라 소스 des spaghetti à la carbonara 카르보나라 스파게티

carreauté, ée [kaʀote] a. [지역어: 노르망디; 캐나다; 아이티] 체크무늬의, 바둑판무늬의 chemise carreautée 체크무늬 셔츠

C

castard, arde [kastaʀ, aʀd] [지역어: 벨기에] <구어> a. 1. 힘센, 튼튼한 un cheval castard 튼튼한 말 2. 내구력이 있는, 튼튼한
— n. 힘센 사람

caster [kaste] v.t. <영> 캐스팅하다 caster des figurants pour un film 영화의 단역 배우를 캐스팅하다 actrice castée pour un premier rôle 주역으로 캐스팅된 여배우

caulinaire [kolinɛʀ] a. 〖식물〗 지상부의 méristème caulinaire 지상부의 분열조직 apex caulinaire 지상부의 끄트머리

cayon [kajɔ̃] n.m. [지역어: 남동지방; 스위스] <구어> 돼지, 돼지고기

cébette [sebɛt] n.f. [프로방스, 랑그도크] 골파 du vert de cébette 골파의 푸른 잎

céiste [seist] n. 카누 선수

céramide [seʀamid] n.m. 〖생화학〗 세라마이드 ⟪스핑고신 또는 파이토스핑고신에 지방산이 결합되어 있는 구조를 지닌 스핑고 지질의 일종⟫ crème aux céramides 세라마이드 크림 shampooing aux céramides 세라마이드 샴푸

ceviche [sevitʃe] n.m. 세비체 ⟪해산물을 회처럼 얇게 잘라 레몬즙이나 라임즙에 재운 후 차갑게 먹는 중남미 지역의 대표적인 음식⟫ ceviche d'espadon 황새치 세비체

chabin, ine [ʃabɛ̃, in] [앤틸리스 제도; 아이티] n. 앤틸리스 제도나 아이티의 혼혈인
— a. 앤틸리스 제도나 아이티의 혼혈인의

châble [ʃɑbl] n.m. [지역어: 사부아; 스위스] 운재로(나무를 나르는 길)

chakra [ʃakʀa] n.m. 차크라 ((신체 내부에 있는 정신적 에너지의 중심점)) les sept chakras 7개의 차크라

chamanique [ʃamanik] a. 샤머니즘의 rites chamaniques 샤먼 의식

C

chambreur, euse [ʃɑ̃bʀœʀ, øz] n. [지역어: 스위스; 캐나다] 방 한 칸 세입자

chamoisette [ʃamwazɛt] n.f. [지역어: 벨기에] (청소나 윤을 내기 위해 사용하는) 부드러운 천

chayote, chayotte [ʃajɔt] n.f. 차요테 ((멕시코 남부와 중앙아메리카 원산인 박과에 속하는 채소))

chialeux, euse [ʃjalø, øz] [지역어: 캐나다] <구어> a. 불평투성이의, 습관적으로 투덜대는 des enfants chialeux 불평투성이 아이들 — n. 투덜대는 사람, 불평꾼

chibani [ʃibani] n.m. 나이든 이민자 la lutte des chibanis pour faire valoir leurs droits 그들의 권리를 행사하기 위한 나이든 이민자들의 투쟁

chicha [ʃiʃa] n.f. 시샤, 물담배 bar à chicha 시샤 바 fumer la chicha 물담배를 피우다

chicoter [ʃikɔte] v.t. [지역어: 캐나다] <구어> 괴롭히다, 근심하게 하다 Ça me chicote. 그게 날 괴롭히네 Ça me chicote de le dire à mon chum. 나의 남자친구에게 그것을 말하는 것이 괴롭다 Qu'est-ce qui te chicote ? 무엇이 널 괴롭히니?

chikungunya [ʃikungunja] n.m. 치쿤군야 ((모기에 의해 전염되는 질병)) épidémie de chikungunya 치쿤군야 전염병

chino [ʃino] n.m. 치노 바지 ((치노라 불리는 두꺼운 능직의 면직물로 만들어진 바지)), 면바지

chipiron [ʃipiʀɔ̃] n.m. [지역어: 남서부지방] (작은) 오징어

chiral, ale, aux [kiʀal, o] a. 『과학』 카이랄성의, 손대칭성의

chocolatine [ʃɔkɔlatin] n.f. [지역어: 남서부지방; 캐나다] 팽 오 쇼콜라(초콜릿 빵)

chorba [ʃɔʀba] n.f. [마그레브] 쇼르바(아랍 지역의 수프의 일종)

chougner [ʃuɲe], **chouiner** [ʃwine] v.i. <구어> 훌쩍거리다, 질질 짜다 cesser de chouiner 훌쩍거리는 것을 멈추다

chronobiologiste [kʀɔnobjɔlɔʒist] n. 시간생물학자 ((시간과 생명현상의 관계를 연구하는 학자))

chronophage [kʀɔnɔfaʒ] a. 많은 시간을 요하는 activité chronophage 많은 시간을 요하는 활동

chum [tʃɔm] n. [지역어: 캐나다] <영> <구어> 1. 친구, 동료 sortir avec ses chums 친구들과 외출하다 2. 애인 un nouveau chum 새로운 남자친구

churro [(t)ʃuʀo] n.m. 추로 ((밀가루, 소금, 물로 만든 반죽을 기름에 넣어 튀긴 스페인의 전통요리))

ciabatta [tʃ(j)abata] n.f. 치아바타 ((밀가루, 효모 등을 이용하여 만든 이탈리아 빵))

C

circassien, ienne [siʀkasjɛ̃, jɛn] a. 서커스의
— n. 서커스 단원

civilisationnel, elle [sivilizasjɔnɛl] a. 〚학술〛 문명의

classieux, ieuse [klɑsjø, jøz] a. <구어> 품위 있는, 기품 있는 un manteau classieux 고급스러운 망토 une clientèle classieuse 품위 있는 고객

clavardage [klavaʀdaʒ] n.m. [지역어: 캐나다] 채팅

clavarder [klavaʀde] v.i. [지역어: 캐나다] 채팅하다

climatosceptique [klimatosɛptik] 〚학술〛 a. 온난화 회의주의자의
— n. 온난화 회의주의자

clipper [klipe] v.t. 집게로 고정시키다

clivant, ante [klivɑ̃, ɑ̃t] a. 이념 대립적인

CLOM n.m. 〖교육〗 (대중에게 개방된) 온라인 강좌 《cours en ligne ouvert massivement의 약어》

CLOT n.m. 〖교육〗 (모두에게 개방된) 온라인 강좌 《cours en ligne ouvert à tous의 약어》

coacher [kotʃe] v.t. 〖운동〗 코치하다

coaching [kotʃiŋ] n.m. <영> 코칭 〔권장: mentorat〕

cocooner [kɔkune] <영> <구어> v.i. 안락함을 추구하다 Le dimanche, elle aime cocooner sous la couette. 일요일이면 그녀는 이불 속에서 뒹굴며 편히 쉬는 것을 좋아한다
— v.t. 애지중지하다, 소중히 다루다 cocooner ses enfants 자식들을 애지중지하다

codominant, ante [kodɔminɑ̃, ɑ̃t] a. 〖유전〗 공동우성의

cogénération [koʒeneʀasjɔ̃] n.f. 코제너레이션 《연료가 갖는 열에너지의 이용률을 높이기 위하여 발전 시 생산되는 배열을 이용하여 전기와 열을 동시에 공급하는 것》

cogneur, euse [kɔɲœʀ, øz] n. 1. 난폭한 사람 2. 강타자 3. 피아노 건반을 강하게 치는 피아니스트

cognitiviste [kɔgnitivist] a. 인지주의의
— n. 인지주의 학자

coinche [kwɛ̃ʃ] n.f. [지역어: 리옹] 카드놀이의 일종

collaboratif, ive [kɔ(l)labɔʀatif, iv] a. 1. 협업의 encyclopédie collaborative 공동으로 작업한 백과사전 2. 온라인 공동작업의

collector [kɔlɛktɔʀ] n.m. <영> 수집대상 Ce vin pourrait devenir un collector. 이 와인은 수집품이 될 거야

coltan [kɔltɑ̃] n.m. 〖광업〗 콜탄 ((컬럼바이트와 탄탈석으로 구성된 천연자원))

combava [kɔ̃bava] n.m. 카피르 라임 ((귤속 식물로 라임의 일종)), 카피르 라임 열매

combishort [kɔ̃biʃɔʀt] n.m. (짧은 길이의) 점프 수트

coming out [kɔmiŋaut] n.m.inv. <영> 커밍아웃

communautariser [kɔmynotaʀize] v.t. 〖법률〗 유럽연합에 권한을 위임하다

communautariste[1] [kɔmynotaʀist] a. 공동체주의의
— n. 공동체주의자

communautariste[2] [kɔmynotaʀist] n. 〖법률〗 유럽공동체법 전문가

comorbidité [komɔʀbidite] n.f. 〖학술〗 동시이환, 동반이환 ((두 개 이상의 질병과정이 공존하는 것))

compétitionner [kɔ̃petisjɔne] v.i. [지역어: 캐나다] 1. 운동경기에 참가하다 avoir l'opportunité de compétitionner 운동경기에 참가할 기회를 갖다 2. 경쟁하다 journaux qui compétitionnent 경쟁하는 신문들

complotisme [kɔ̃plɔtism] n.m. 음모론

complotiste [kɔ̃plɔtist] n. 음모론 지지자
— a. 음모론 지지자의 discours complotiste 음모론 지지자의 연설

concept car [kɔ̃sɛptkaʀ] n.m. <영> 콘셉트카 〔권장: voiture concept〕

connecté, ée [kɔnɛkte] a. 1. 컴퓨터 네트워크에 연결된 objets connectés 사물 인터넷 montre connectée 스마트 시계

conspirationniste [kɔ̃spiʀasjɔnist] n. 음모론자
— a. 음모론자의

contextualisation [kɔ̃tɛkstyalizasjɔ̃] n.f. 〖언어〗 맥락화

coparental, ale, aux [kopaʀɑ̃tal, o] a. 〖학술〗 연대친권의 responsabilité coparentale 연대친권책임

copier-coller [kɔpjekɔle] n.m.inv. 〖전산〗 복사 붙여넣기 《copié-collé; des copiés-collés라고 표기하기도 함》

copion [kɔpjɔ̃] n.m. [지역어: 벨기에] <학생은어> 컨닝페이퍼

cordophone [kɔʀdɔfɔn] n.m. 〖음악〗 코르도폰, 현명악기

corium [kɔʀjɔm] n.m. 〖물리〗 노심용융물

coronavirus [kɔʀɔnaviʀys] n.m. 〖세균〗 코로나바이러스

cotriade [kɔtʀijad] n.f. [브르타뉴, 방데] 코트리아드(브르타뉴풍 생선 스튜)

cougar [kugaʀ] n.f. 쿠거 ((자신보다 젊은 남자를 찾거나 유혹하는 중년여성))

couillu, ue [kujy] a. <구어> 용기 있는, 대담한

court-termiste [kuʀtɛʀmist] (pl. ~-~s) a. 단기 성과주의의, 단기 성과주의자의 une politique budgétaire court-termiste 단기 성과주의적인 예산 정책
— n. 단기 성과주의, 단기 성과주의자

cousinade [kuzinad] n.f. 종친회

covoiturage [kovwatyʀaʒ] n.m. 카풀 covoiturage de colis 카풀 서비스를 이용한 소포 배달 서비스

covoiturer [kovwatyʀe] v.i. 카풀하다
— v.t. 카풀로 운송하다 covoiturer des colis 카풀 서비스를 이용하여 소포를 운송하다

créolité [kʀeɔlite] n.f. 〖학술〗 크레올 공동체 소속

cretons [kʀətɔ̃] n.m.pl. [캐나다] 크레통 ((돼지고기나 소고기에 양파를 섞어 맛을 낸 파테)) sandwich aux cretons 크레통 샌드위치

criser [kʀize] v.i. <구어> 화를 내다 Réponds-lui ou il va criser. 그에게 답을 하지 않으면 그가 화를 낼 것이다

crossover [kʀɔsɔvœʀ] n.m. <영> 크로스오버 유틸리티차량, 시유브이(CUV)

croustilles [kʀustij] n.f.pl. [캐나다] 감자칩

crozet [kʀozɛ] n.m. [지역어: 알프스] 크로젯(파스타면의 일종)

cruralgie [kʀyʀalʒi] n.f. 〖의학〗 좌골신경통

cryogénisation [kʀijoʒenizɑsjɔ̃] n.f. 냉동보존 développement de la cryogénisation 냉동보존의 발전

cryogéniser [kʀijɔʒenize] v.t. 냉동보존하다 cryogéniser sa tête pour ressusciter 되살아나기 위해서 머리를 냉동보존하다

CSP, C.S.P. [seɛspe] n.f. 사회 직능 범주 《catégorie socio-professionnelle의 약어》

cuberdon [kybɛʀdɔ̃] n.m. [벨기에] 퀴베르동(벨기에 사탕의 일종)

cuit-vapeur [kɥivapœʀ] n.m.inv. 찜기

cupcake [kœpkɛk] n.m. <영> 컵케이크

cyberattaque [sibɛʀatak] n.f. 사이버 공격 une tentative de cyberattaque 사이버 공격 시도 victimes d'une cyberattaque 사이버 공격의 피해자들

cybercafé [sibɛʀkafe] n.m. 인터넷 카페 chatter dans un cybercafé 인터넷 카페에서 채팅하다

cybercriminalité [sibɛʀkʀiminalite] n.f. 사이버 범죄

cyberdépendance [sibɛʀdepɑ̃dɑ̃s] n.f. 인터넷 중독 détecter une éventuelle cyberdépendance 잠재적인 인터넷 중독을 탐지하다

cyberdépendant, ante [sibɛʀdepɑ̃dɑ̃, ɑ̃t] a. 인터넷 중독의 — n. 인터넷 중독자

cyborg [sibɔʀg] n. 사이보그 Le cyborg est-il notre avenir ? 사이보그가 우리의 미래인가?

cytodiérèse [sitodjeʀɛz] n.f. 〖생물〗 세포분열

D

damassine [damasin] n.f. [스위스] 1. 댐슨자두 confiture de damassine 댐슨자두 잼 2. 다마신 ((댐슨자두를 증류하여 만든 술))

darjeeling [daʀ(d)ʒiliŋ] n.m. 다르질링 une tasse de darjeeling 다르질링 차 한 잔

darmstadtium [daʀmstatjɔm] n.m. 〖화학〗 다름슈타튬 ((원자번호 110번의 원소, 원소 기호는 Ds))

deal [dil] n.m. <영> <구어> 거래, 매매 faire/passer un deal 거래를 하다 〔권장: accord; négociation; transaction〕

débarouler [debaʀule] [지역어: 리옹, 남동지방, 랑그도크] <구어> v.i. 굴러 떨어지다, 넘어지다; 급히 내려가다
— v.t. 급히 내려가다 débarouler la pente 언덕길을 급히 내려가다

débogage [debɔgaʒ] n.m. 〖전산〗 디버깅 ((컴퓨터 프로그램의 잘못된 부분을 찾아 고치는 작업))

décarboner [dekaʀbɔne] v.t. 〚학술〛 탄소 배출을 줄이다

déceptif, ive [desɛptif, iv] a. 〚상업〛 기만하는, 속이는 produit déceptif 기만 상품

déclenchant, ante [deklɑ̃ʃɑ̃, ɑ̃t] a. 야기하는, 유발하는 les facteurs déclenchants de la migraine (편)두통을 유발하는 요인

déclinisme [deklinism] n.m. 〚학술〛 쇠퇴론

décliniste [deklinist] a. 쇠퇴론주의자의
— n. 쇠퇴론주의자

déconstructivisme [dekɔ̃stʀyktivism] n.m. 〚건축〛 해체주의

déconstructiviste [dekɔ̃stʀyktivist] 〚건축〛 a. 해체주의자의
— n. 해체주의자

lédiabolisation [dedjabɔlizasjɔ̃] n.f. 악마 이미지 탈피

dédiaboliser [dedjabɔlize] v.t. 악마 이미지를 벗기다 dédiaboliser un parti politique 정당의 악마 이미지를 벗기다
— se dédiaboliser v.pron. 악마 이미지를 벗다 chercher à se dédiaboliser 악마 이미지를 벗으려고 애쓰다

déflocage [deflɔkaʒ] n.m. 〚기술〛 섬유 물질 제거

défloquer [deflɔke] v.t. 〚기술〛 섬유 물질을 치우다/제거하다

défragmentation [defʀagmɑ̃tasjɔ̃] n.f. 〚전산〛 단편화 제거

dégroupage [degʀupaʒ] n.m. 〖통신〗 언번들링, 분리 dégroupage total 케이블 완전 분리

dégun [degɛ̃] pron.indéf. [지역어: 남동지방] <구어> 아무, 아무도 Dans cette ville, elle connaît dégun. 이 도시에서 그녀는 아무도 모른다

démondialisation [demɔ̃djalizasjɔ̃] n.f. 〖학술〗 탈세계화

dénerver [denɛʀve] v.t. 〖정육〗 힘줄을 제거하다

denturologie [dɑ̃tyʀɔlɔʒi] n.f. [캐나다] 치기공학

denturologiste [dɑ̃tyʀɔlɔʒist] n. [캐나다] 치과기공사

déontologue [deɔ̃tɔlɔg] n. 직업윤리전문가 déontologue d'entreprise 기업윤리전문가

déperlance [depɛʀlɑ̃s] n.f. 방수천

déperlant, ante [depɛʀlɑ̃, ɑ̃t] a. 방수의 rideau de douche déperlant 방수 샤워 커튼 toile déperlante 방수천 tissu déperlant 방수천
— n.m. 방수액

déradicalisation [deʀadikalizasjɔ̃] n.f. 급진주의 완화, 급진주의 포기; 온건화 centre de déradicalisation 온건화 센터

déradicaliser [deʀadikalize] v.t. 급진주의를 포기시키다, 급진주의를 완화하다
— se déradicaliser v.pron. 급진주의를 포기하다

déréférencement [deʀefeʀɑ̃smɑ̃] n.m. 〖전산〗 온라인상의 흔적 제거 le déréférencement d'un contenu dans un moteur de recheche 검색 엔진에서 내용 삭제

déréférencer [deʀefeʀɑ̃se] v.t. 〖전산〗 온라인상의 흔적을 제거하다 Comment déréférencer une information vous concernant ? 온라인상에서 당신과 관련된 정보를 어떻게 제거하나요?

déroulant, ante [deʀulɑ̃, ɑ̃t] a. 〖전산〗 *Menu déroulant* 풀다운메뉴, 내림차림표, 펼침메뉴

déroulé [deʀule] n.m. 연속, 연쇄

désalinisation [desalinizasjɔ̃] n.f. 〖기술〗 염분 제거; 담수화 usine de désalinisation 담수화 공장

désaliniser [desalinize] v.t. 〖기술〗 담수화하다

désannoncer [dezanɔ̃se] v.t. 〖라디오방송〗 클로징 멘트를 하다

déscolarisé, ée [deskɔlaʀize] a. 의무교육을 중단한 des jeunes déscolarisés 의무교육을 중단한 젊은이들

désinscription [dezɛ̃skʀipsjɔ̃] n.f. 해지, (인터넷 사이트의) 탈퇴 désinscription d'un compte Facebook 페이스북 계정 탈퇴

désinscrire (se) [dezɛ̃skʀiʀ] v.pron. 해지하다, 탈퇴하다 se désinscrire de Netflix 넷플릭스를 해지하다

désinstallation [dezɛ̃stalasjɔ̃] n.f. 〖전산〗 프로그램 삭제

D

désinstaller [dezɛ̃stale] v.t. 〖전산〗 프로그램을 삭제하다

déstresser [destʀese] v.t. 스트레스를 제거하다 massage qui déstresse une personne nerveuse 예민한 사람의 스트레스를 풀어주는 마사지
— v.i. 스트레스를 풀다 apprendre à déstresser 스트레스 해소법을 배우다
— se déstresser v.pron. 스트레스를 풀다 Il jardine pour se déstresser. 그는 스트레스를 풀기 위해 정원을 가꾼다

destroy [dɛstʀɔj] a.inv. <구어> 1. 취한, 중독된 2. 버려진, 황폐화된

détoxifier [detɔksifje] v.t. 독소를 제거하다, 해독하다 régime qui détoxifie l'organisme 디톡스 다이어트

dézinguer [dezɛ̃ge] v.t. 1. <구어> 파괴하다, 부수다, 못쓰게 하다 2. 비판하다, 비난하다 3. 죽이다

dézipper [dezipe] v.t. 1. 지퍼를 내리다, 지퍼를 열다 dézipper sa robe 원피스의 지퍼를 내리다 2. 〖전산〗 압축을 풀다
— se dézipper v.pron. 지퍼를 내리다

dézonage [dezonaʒ] n.m. 1. 〖교통〗 데조나즈 ((일정기간 동안 구간별 차등 요금제를 없애는 것)) 2. 〖전산〗 디브이디(DVD)의 지역코드를 풀어주는 시스템

DHEA [deaʃøɑ] n.f. 〖생화학〗 디하이드로에피안드로스테론 ((콩팥 바로 위에 있는 부신에서 대부분 생산되는 스테로이드 호르몬)) ((déhydroépiandrostérone의 약어))

diabolisation [djabɔlizasjɔ̃] n.f. 악마화, 비우호적으로 소개하기, 부정적으로 소개하기

diazote [diazɔt] n.m. 〖화학〗 디아조, 질소분자(N_2)

dichlore [diklɔʀ] n.m. 〖화학〗 염소분자(CL_2)

dichlorure [diklɔʀyʀ] n.m. 〖화학〗 이염화물

didgeridoo, didjeridoo [didʒeʀidu] n.m. 디제리두 ((호주 원주민의 목관 악기))

dihydrogène [diidʀɔʒɛn] n.m. 〖화학〗 수소분자(H_2)

diot [djo] n.m. [지역어: 사부아] 디오, 소세지 Il existe plusieurs variantes du diot. 여러 유형의 디오가 존재한다

dioxygène [diɔksiʒɛn; djɔksiʒɛn] n.m. 〖화학〗 디옥시젠, 산소분자(O_2)

diplômant, ante [diplomɑ̃, ɑ̃t] a. 학위 취득을 준비하는

disulfure [disylfyʀ] n.m. 〖화학〗 이황화물

DivX [diviks] n.m. 〖상표명〗 〖전산〗 디빅스 ((인터넷상에 있는 디브이디(DVD)수준의 디지털 비디오 포맷))

djembé [dʒɛmbe] n.m. 젬베 ((맨손으로 타격하는 아프리카의 전통적인 북))

djihadisme [dʒi(j)adism] n.m. 지하디즘 ⦗jihadisme이라고 표기하기도 함⦘

djihadiste [dʒi(j)adist] n. 지하디스트 ⟪jihadiste라고 표기하기도 함⟫
— a. 지하디스트의 groupe djihadiste 지하디스트 그룹

docufiction [dɔkyfiksjɔ̃] n.f. 다큐픽션

donut [donœt] n.m. <영> 도넛 ⟪doughnut [dunœt]이라고 표기하기도 함⟫

doudou [dudu] n.m. <구어> 아이가 애착을 갖는 물건

doxa [dɔksa] n.f. 독사, 억견

drag-queen [dʀagkwin] n.f. (pl. ~-~s) <영> 여장남자 ⟪축약하여 drag라고 쓰기도 함⟫

droitisation [dʀwatizasjɔ̃] n.f. 〚정치〛 우경화 droitisation de la société française 프랑스 사회의 우경화 droitisation et pessimisme 우경화와 염세주의

droitiser [dʀwatize] 〚정치〛 v.t. 우경화하다
— se droitiser v.pron. 우경화되다 parti qui s'est droitisé 우경화된 정당

dubnium [dubnjɔm] n.m. 〚화학〛 더브늄 ⸨원자번호 105번의 원소, 원소 기호는 Db⸩

duxelles [dyksɛl] n.f. 〚음식〛 뒥셀 ⸨곱게 다진 버섯, 샬로트, 양파, 허브 등을 버터에 넣고 천천히 페이스트가 될 때까지 조리한 혼합물⸩

dysfonctionnel, elle [disfɔ̃ksjɔnɛl] a. 기능장애의 être élevé dans une famille dysfonctionnelle 결손 가정에서 자라다 〚disfonctionnel이라고 표기하기도 함〛

dystopie [distɔpi] n.f. <문어> 디스토피아 l'utopie et la dystopie 유토피아와 디스토피아 *1984* de George Orwell est l'exemple de la dystopie. 조지 오웰의 『1984』는 디스토피아의 예이다

D

dystopique [distɔpik] a. 디스토피아의

dystrophisation [distʀɔfizasjɔ̃] n.f. 〚생태〛 (극도의) 부영양화

E

eagle [igœl] n.m. (골프) 이글

e-book [ibuk] n.m. <영> 1. 전자책 télécharger des e-books 전자책을 내려받다 〔권장: livre numérique〕 2. 전자책 단말기 〔권장: liseuse〕

écoblanchiment [ekoblɑ̃ʃimɑ̃] n.m. 그린워시 ((기업이 실제로는 환경에 유해한 활동을 하면서 마치 친환경적인 것처럼 광고하는 행위))

écocitoyen, enne [ekositwajɛ̃, ɛn] a. 친환경 시민의 geste écocitoyen 친환경 시민 행동
— n. 친환경 시민

écocitoyenneté [ekositwajɛnte] n.f. 친환경 시민 의식

écoconception [ekokɔ̃sɛpsjɔ̃] n.f. 〖생태〗 에코디자인

e-commerce [ikɔmɛʀs] n.m. 전자상거래

écoparticipation [ekopaʀtisipasjɔ̃] n.f. 환경 분담금

écoquartier [ekokaʀtje] n.m. 친환경 마을

écoresponsabilité [ekoʀɛspɔ̃sabilite] n.f. 친환경적 태도

écoresponsable [ekoʀɛspɔ̃sabl] a. 친환경적인 un projet écoresponsable 친환경 프로젝트 entreprise écoresponsable 친환경 기업

écotourisme [ekotuʀism] n.m. 에코 투어리즘, 생태관광

égoportrait [egopɔʀtʀɛ] n.m. 셀피 prendre des égoportraits 셀피를 찍다

e-learning [ilœʀniŋ] n.m. <영> 이러닝, 온라인 학습 〔권장: formation en ligne〕

electro, électro [elɛktʀo] n.f. 일렉트로닉 음악 ⦅électronique의 축약⦆
— a. 일렉토로닉 음악의 des morceaux électros 일렉트로닉 음악곡

électrosensibilité [elɛktʀosɑ̃sibilite] n.f. 전자파민감증

éluant [elɥɑ̃] n.m. 〖화학〗 용리액, 용리제

embeurrée [ɑ̃bøʀe] n.f. [푸아투, 앙주, 방데] 앙뵈레 ⦅녹인 버터에 채소 등을 섞은 요리⦆ embeurrée d'endives 꽃상추 앙뵈레 une embeurrée de choux 양배추 앙뵈레

empéguer [ɑ̃pege] [지역어: 프로방스, 랑그도크] <구어> v.t. 1. 더럽히다 2. 부딪히다 J'ai empégué la porte du garage. 나는 차고 문에 부딪혔다
— s'empéguer v.pron. 1. 더럽혀지다 2. 취하다 s'empéguer dans un bar 바에서 취하다 3. 난처한 일에 관여되다

empierger (s') [ɑ̃pjɛʀʒe] v.pron. [지역어: 샹파뉴-아르덴] <구어> 균형을 잃다 Elle s'est empiergée dans un câble. 그녀는 줄 위에서 균형을 잃었다

endocytose [ɑ̃dositoz] n.f. 〖생물〗 엔도시토시스 ((세포가 세포막을 이용하여 물질을 밖으로부터 안으로 삼키는 작용)), 내포작용

enfarger [ɑ̃faʀʒe] [지역어: 캐나다] <구어> v.t. 넘어뜨리다, 쓰러뜨리다 la branche qui nous enfarge 우리를 넘어뜨리는 나뭇가지
— s'enfarger v.pron. 발목을 잡히다, 말려들다, 빠지다 s'enfarger dans l'escalier 계단에서 비틀거리다 s'enfarger dans les menteries 거짓말에 발목 잡히다

énol [enɔl] n.m. 〖화학〗 에놀

entartage [ɑ̃taʀtaʒ] n.m. <구어> 크림파이 던지기

entarter [ɑ̃taʀte] v.t. <구어> (얼굴에) 크림파이를 던지다

entarteur, euse [ɑ̃taʀtœʀ, øz] n. <구어> 크림파이를 던지는 사람

entéral, ale, aux [ɑ̃teʀal, o] a. 〖의학〗 관급식의 alimentation entérale 관급식 영양 공급

entrepreneuriat [ɑ̃tʀəpʀənœʀja] n.m. 창업, 창업가 정신 encourager l'entrepreneuriat 창업을 독려하다

entre-soi [ɑ̃tʀəswa] n.m.inv. 〖사회〗 앙트르수아 ((사회·정치·문화적으로 같은 계층의 사람들끼리 무리 짓기))

épeurant, ante [epœʀɑ̃, ɑ̃t] a. [지역어: 캐나다] 무서운 un film épeurant 무서운 영화 une histoire épeurante 무서운 이야기 un vent épeurant 무서운 바람

épissage [episaʒ] n.m. 〖과학〗 스플라이싱 ((DNA가 전사되어 전사 산물인 RNA가 되는 과정에서 인트론이 제거되어 엑손에 연결되는 과정))

erlenmeyer [ɛʀlœnmejɛʀ] n.m. 〖화학〗 삼각플라스크

ESB [øɛsbe] n.f. 광우병 (encéphalopathie spongiforme bovine의 약어) nouveaux cas d'ESB 광우병의 새로운 사례

escagasser [ɛskagase] [지역어: 프로방스, 랑그도크, 남서지방] v.t. 1. 상처 입다; 망가뜨리다 2. 피곤하게 하다 Tu m'escagasses ! 너 나 피곤하게 한다!
— s'escagasser v.pron. 몹시 애쓰다

espanter [ɛspɑ̃te] v.t. [지역어: 프로방스, 랑그도크] 놀라게 하다, 대경실색하게 하다 Vraiment, tu m'espantes ! 정말 너는 나를 놀라게 하는구나!

ethnométhodologie [ɛtnometɔdɔlɔʒi] n.f. 〖학술〗 민속방법론

E

ethnométhodologue [ɛtnometɔdɔlɔg] n. 민속방법론 전문가

euphémiser [øfemize] v.t. 완곡어법을 사용하다 euphémiser le racisme sans l'occulter 인종차별주의를 숨기지 않고 완곡하게 표현하다 euphémiser ses réponses 완곡하게 대답하다

européiste [øʀɔpeist] a. 유럽통합주의의, 유럽통합주의자의
— n. 유럽통합주의자

europhobe [øʀɔfɔb] a. 유럽통합반대주의자의, 유럽통합에 적대적인
— n. 유럽통합반대주의자

évacher (s') [evaʃe] v.pron. [지역어: 캐나다] <구어> 1. 멍때리다, 느긋한 상태로 있다 s'évacher au soleil 일광욕을 하며 멍때리다 Elle s'est évachée au bord de la mer. 그녀는 바닷가에서 느긋하게 있었다 2. 뒹굴다 Il s'est évaché sur son lit. 그는 침대에서 뒹굴었다

exocytose [ɛgzositoz] n.f. 〖생물〗 엑소시토시스 ((세포막 운동으로 세포 내 물질을 세포 밖으로 방출하는 현상)), 외포작용

exoplanète [ɛgzoplanɛt] n.f. 〖천문〗 외계 행성, 계외 행성, 태양계외 행성

expresso [ɛkspʀeso] n.m. 에스프레소 machine à expresso 에스프레소 기계 avaler un expresso d'un trait 에스프레소를 단숨에 마시다

externalisation [ɛkstɛʀnalizasjɔ̃] n.f. 아웃소싱, 외주화

extrarénal, ale, aux [ɛkstʀaʀenal, o] a. 〖의학〗 신장 밖의

extrasolaire [ɛkstʀasɔlɛʀ] a. 〖천문〗 태양계 밖의 planète extrasolaire 외계 행성

E

F

fablab [fablab] n.m. 〚상표명〛 <영> 팹랩 ((디지털 기기나 3D 프린터 등과 같은 실험 생산 장비를 구비해 학생과 예비 창업자 등이 기술적 아이디어를 실험하고 실제로 구현해보는 공간)) 《fabrication laboratory의 영어 음절 약어》 ouverture d'un fablab 팹랩 개원

fadette [fadɛt] n.f. 통화내역 《facture détaillée의 음절 약어》 C'est la fadette du mobile avec lequel il contacte tous les membres de sa famille. 이것은 그가 모든 가족 구성원들과 접촉한 휴대전화 통화내역이다 Demander des fadettes n'est pas illégal. 통화내역을 요구하는 것은 불법이 아니다

falafel [falafɛl] n.m. 팔라펠 ((병아리콩이나 잠두를 갈아 둥글게 빚어 튀긴 중동 음식))

fancy-fair [fansifɛʀ; fɑ̃sifɛʀ] n.f. (pl. ~-~s) [벨기에] <영> 자선 바자회

fanfiction [fanfiksjɔ̃] n.f. <영> 팬픽션 ((만화, 소설, 영화 등 장르를 구분하지 않고 대중적으로 인기를 끄는 작품을 대상으로 팬들이 자신의 뜻대로 재창작한 작품))

fantasy [fɑ̃tazi] n.f. <영> 판타지 〔권장: fantasie〕

fario [faʀjo] n.f. 브라운 송어 élevage de farios 브라운 송어 양식 ⦅truites fario라고 하기도 함⦆

faroter [faʀɔte] v.t. [지역어: 카메룬; 코트디부아르] 뇌물을 주다 faroter un personnage influent pour obtenir un poste 자리를 얻기 위해 영향력 있는 사람에게 뇌물을 주다

fatiha [fati(h)a] n.f. 〖종교〗 파티하 ⦅코란의 첫 장에 있는 수라(sūrah)의 이름으로 의례적 예배나 결혼식, 장례식 등에서 개별적 혹은 집단적으로 염송됨⦆

ferritine [feʀitin] n.f. 〖생화학〗 페리틴

fibromyalgie [fibʀomjalʒi] n.f. 〖의학〗 섬유근육통

fibula [fibyla] n.f. 〖해부〗 비골, 종아리뼈

fibulaire [fibylɛʀ] a. 〖해부〗 비골의, 종아리뼈의

filovirus [filoviʀys] n.m. 〖세균〗 필로바이러스 Les virus Ebola et Marburg sont des filovirus. 에볼라 바이러스와 마르부르그 바이러스는 필로바이러스이다

fitness [fitnɛs] n.m. <영> 피트니스 appareils de fitness 피트니스 기구들 club de fitness 피트니스 클럽 cours collectif de fitness 피트니스 단체수업 〔권장: gymnastique de forme〕

fiu [fju] [지역어: 폴리네시아] <구어> n.m.inv. (극심한) 피로, 무기력
— a.inv. *Être fiu* 피곤하다, 지긋지긋하다 Elle se sent fiu. 그녀는 피곤을 느낀다

fixeur, euse [fiksœʀ, øz] n. 현지 코디

flammekueche [flam(ə)kyʃ(ə)] n.f.,n.m. 플람쿠헨 ((외형적으로 피자와 비슷한 알자스 지방의 전통 음식))

flânage [flɑnaʒ] n.m. [지역어: 캐나다] 1. 배회, 어슬렁거림 2. 한가로이 거닐기 flânage et magasinage en ville 도시에서 한가로이 거닐기와 쇼핑하기

flashcode [flaʃkɔd] n.m. 〖상표명〗 〖통신〗 큐알(QR)코드 flashcode donnant les horaires des bus en temps réel 실시간으로 버스 시간표를 제공하는 QR코드

flashy [flaʃi] a.inv. <영> (색이) 매우 선명한 un rose flashy 빛깔이 선명한 장미 des tons flashy 선명한 색조

flavonoïde [flavɔnɔid] n.m. 〖생화학〗 플라보노이드 ((식품에 널리 분포하는 노란색 계통의 색소))

flaugnarde, flognarde [flɔɲaʀd] n.f. [리무쟁, 페리고르] 플로냐르드(프랑스 디저트의 한 종류) faire une flaugnarde aux raisins secs 건포도 플로냐르드를 만들다

floutage [flutaʒ] n.m. 〖기술〗 흐릿하게 하기

fluocompact, e [flyokɔ̃pakt] a. *Ampoule/Lampe fluocompacte* 소형형광등

flyer [flajœʀ] n.m. <영> 전단, 광고지

focaccia [fɔkatʃja] n.f. 포카치아 ((밀가루 반죽에 올리브유, 소금, 허브 등을 넣어 구운 이탈리아의 납작한 빵)) focaccia aux aubergines grillées 구운 가지 포카치아

fouta [futa] n.f. [마그레브] 1. 푸타 천 2. 타월 (foutah라고 표기하기도 함)

fracturation [fʀaktyʀasjɔ̃] n.f. 1. 〖지구물리〗 파쇄 2. 〖기술〗 *Fracturation hydraulique* 수압 파쇄법

freestyle [fʀistajl] n.m. <영> 〖운동〗 프리스타일 démonstrations de freestyle 프리스타일 시범 ski freestyle 프리스타일 스키

frigolite [fʀigɔlit] n.f. [벨기에] 발포폴리스티렌 panneau de frigolite 발포폴리스티렌판

friter (se) [fʀite] v.pron. <구어> 언쟁하다 Elle s'est fritée avec un collègue. 그녀는 동료와 다투었다 (se fritter라고 표기하기도 함)

frontisme [fʀɔ̃tism] n.m. 국민전선주의

frontiste [fʀɔ̃tist] a. 국민전선의
— n. 국민전선당원

fudge [fɔdʒ] n.m. [지역어: 캐나다] <영> 1. 퍼지 ((설탕, 버터, 우유로 만든 연한 사탕)) fudge à la vanille 바닐라 퍼지 2. 초코 아이스크림

fuiter [fɥite] v.i. <구어> 폭로되다, 공표되다 Les secrets fuitent. 비밀이 폭로되다 Ses projets fuitent chez les concurrents. 그의 계획들이 경쟁자들에게 폭로되었다 Le nom du nouveau ministre a fuité. 새 장관의 이름이 공표되었다

fusionnel, elle [fyzjɔnɛl] a. 일심동체의, 융합의, 합치된 amour fusionnel 강렬한 사랑 couple fusionnel 일심동체 부부

futsal [futsal] n.m. 풋살 jouer au futsal 풋살을 하다

G

GAFA [gafa] n.m.pl. 가파 《Google, Apple, Facebook et Amazon의 음절 약어》 taxation des GAFA 가파에 대한 과세

gameur, euse [gɛmœʀ, øz] n. <영> 비디오 게임 애호가

garde-côte [gaʀdəkot] n. (pl. ~s-~s) 해안 경비원, 해안 구조원

garrocher [gaʀɔʃe] [지역어: 서부지방; 캐나다; 루이지애나] <구어> v.t. 던지다 Elle me garrochait des cailloux. 그녀는 나에게 조약돌을 던지곤 했다 *Garrocher son argent par les fenêtres* 돈을 헤프게 쓰다, 낭비하다
— se garrocher v.pron. 뛰어들다, 돌진하다

gastroplastie [gastʀoplasti] n.f. 〖의학〗 위성형술

geek [gik] n. <영> <구어> 긱 《컴퓨터, 인터넷 등과 같은 특정 분야에 대하여 강한 지적 열정을 가진 사람》 les geeks et les nerds 긱과 너드

gendarmesque [ʒɑ̃daʀmɛsk] a. <구어> <비꼼> 헌병의

gentrification [ʒɑ̃tʀifikasjɔ̃; ʒɛntʀifikasjɔ̃] n.f. 〖사회〗 젠트리피케이션 phénomène de gentrification 젠트리피케이션 현상 la gentrification des quartiers populaires 서민 동네들의 젠트리피케이션

gentrifier (se) [ʒɑ̃tʀifje; ʒɛntʀifje] v.pron. 〖사회〗 (지역·동네 등이) 고급화되다 quartier populaire qui se gentrifie 고급화된 서민 구역

géocroiseur [ʒeokʀwazœʀ] n.m. 〖천문〗 지구근접소행성

géoglyphe [ʒeɔglif] n.m. 〖고고학〗 거대 지상화 les géoglyphes zoomorphes de Nazca 나스카의 동물형태 거대 지상화

géolocalisation [ʒeolɔkalizasjɔ̃] n.f. 지리위치측정, 지리위치결정 géolocalisation par satellite 위성에 의한 지리위치측정

géolocaliser [ʒeolɔkalize] v.t. 위성으로 위치를 측정하다

géomatique [ʒeɔmatik] n.f. 〖학술〗 지리정보처리

gestationnel, elle [ʒɛstasjɔnɛl] a. 임신의 diabète gestationnel 임신성 당뇨병

GHB [ʒeaʃbe] n.m. 지에이치비, 감마 히드록시부티르산 《gamma-hydroxybutyrique의 축약》

ghettoïser [getɔize] v.t. 게토화하다 quartier ghettoïsé 게토화된 지역
— se ghettoïser v.pron. 게토화되다

GIF [ʒif] n.m.inv. 〖전산〗 지프, 그래픽 인터체인지 포맷 ⟪graphics interchange format의 영어 음절 약어⟫

gigoteuse [ʒigɔtøz] n.f. 아기 침낭

glaciérisme [glasjeʀism] n.m. 빙벽등반

glaciériste [glasjeʀist] n. 빙벽등반가

gloss [glɔs] n.m. <영> 글로스, 립글로스 Ses lèvres pulpeuses brillaient de gloss. 그녀의 부드러운 입술은 립글로스를 발라 반짝이고 있었다

glycémique [glisemik] a. 혈당의 glycémique élevé 고혈당 troubles glycémiques 혈당 장애

glyphosate [glifozat] n.m. 〖화학〗 글리포세이트 ⟪몬산토 회사가 개발한 비선택성 제초제⟫

goberge [gɔbɛʀʒ] n.f. [캐나다] 〖동물〗 (북대서양의) 대구

goji [gɔdʒi] n.m. 구기자

golden retriever [gɔldɛnʀetʀivœʀ] n.m. <영> 〖동물〗 골든 리트리버 des golden retrievers 골든 리트리버들

goncourable [gɔ̃kuʀabl] a. 공쿠르상을 받을만한
— n. 공쿠르상을 받을만한 사람

googliser [gug(œ)lize] v.t. 구글을 사용하다 googliser un candidat 구글을 이용하여 후보를 찾다 ⟪googler [gug(œ)le]라고 표기하기도 함⟫

graffer [gʀafe] v.t. 그래피티를 하다 graffer un mur 벽에 그래피티를 하다 〘grapher라고 표기하기도 함〙

graphène [gʀafɛn] n.m. 〖화학〗 그래핀 ⸨탄소원자로 이루어진 얇은 막⸩

gravlaks, gravlax [gʀavlaks] n.m. 그라브락스 ⸨소금, 설탕, 딜 등의 향신료에 절인 연어⸩

grip [gʀip] n.m. <영> 그립 grip de raquette 라켓그립

groove [gʀuv] n.m. <영> 〖음악〗 그루브 ⸨춤과 움직임을 유발하는 특유의 리듬⸩

groover [gʀuve] v.i. <영> <구어> 그루브 음악을 연주하다

grunge [gʀœnʒ] <영> a. 1. 그런지 스타일의 la mode grunge des années 1990 1990년대의 그런지 유행 2. 그런지 음악의
— n.m. 1. 그런지 스타일 C'était en 1990, le début du grunge. 그런지 스타일의 시작은 1990년대였다 2. 그런지 음악 le grunge et le punk 그런지와 펑크

GSM [ʒeɛsɛm] n.m. 1. 〖기술〗 이동통신 글로벌 시스템 ⸨유럽의 대표적인 이동통신 시스템⸩ 〘Global System for Mobile communications의 영어 약어〙 2. [벨기에; 룩셈부르크] 핸드폰, 휴대전화

guar [gwaʀ] n.m. 구아(콩과 식물)

guarana [gwaʀana] n.m. 구아라나 ((아마존 밀림 지대에서 자라는 덩굴식물이나 열매)) boisson énergisante au guarana 구아라나 에너지 음료

guignolée [giɲɔle] n.f. [캐나다] 기뇰레 ((퀘벡 주에서 매년 12월 초에 거행되는 이웃돕기행사)) participer à la guignolée 기뇰레에 참가하다

guindaille [gɛ̃dɑj] n.f. [벨기에] <구어> (대학생들의) 술잔치, 술 모임

guindailler [gɛ̃dɑje] v.i. [벨기에] <구어> 술 모임에 참여하다

guindailleur, euse [gɛ̃dɑjœʀ, øz] n. [벨기에] <구어> 술 모임에 참석하는 것을 좋아하는 사람

G

H

†**haka** [aka] n.m. 하카 ((마오리족이 전쟁 전에 사기 진작을 위하여 추었던 민속춤))

hameçonnage [amsɔnaʒ] n.m. 〖전산〗 피싱 victime d'hameçonnage 피싱 피해자 〔권장: filoutage〕

haptique [aptik] 〖학술〗 a. 햅틱의
— n.f. 촉각학 ((접촉과 촉각에 관하여 연구하는 학문))

†**hardeur, euse** [aʀdœʀ, øz] n. 포르노배우

†**hashtag** [aʃtag] n.m. <영> 〖전산〗 해시태그 le hashtag #voyage 해시태그 #여행 les hashtags d'un tweet 트윗의 해시태그 〔권장: mot-dièse〕

†**HD** [aʃde] n.f. 고화질 ((haute définition의 약어)) télévision en HD 고화질 텔레비전

†**heavy metal** [evimetal] n.m. <영> 헤비메탈 les groupes de heavy metal 헤비메탈 그룹들 【축약하여 metal이라고 쓰기도 함】

hébergeur, euse [ebɛʀʒœʀ, øz] 【전산】 n.m. 웹호스팅 ((전문 기업이 웹서버 및 웹사이트를 제공하는 것))
— a. 웹호스팅의

héliosismologie [eljosismɔlɔʒi] n.f. 【천문】 일진학

hématophage [ematɔfaʒ] a. 【학술】 흡혈의 parasites hématophages 흡혈 기생 생물들 La sangsue est hématophage. 거머리는 흡혈 동물이다

hexadécane [ɛgzadekan] n.m. 【화학】 헥사데케인

†**hipster** [ipstœʀ] n. <영> 힙스터 ((1990년대 이후 출현한 반문화적, 자연친화적, 진보적 성향의 독특한 문화코드를 공유하며 고유한 패션을 추구하는 사람))

†**hiragana** [iʀagana] n.m.inv. 히라가나 hiragana et katakana 히라가나와 가타카나 Les hiragana servent à écrire les mots d'origine japonaise. 히라가나는 일본어 어원 낱말들을 표기하는 데 사용된다

†**home cinéma** [omsinema] n.m. <영> 홈시어터 les home cinémas 홈시어터 〔권장: cinéma à domicile〕

homéotique [ɔmeɔtik] a. 【생물】 호메오 유전자의 gènes homéotiques 호메오 유전자 protéines homéotiques 호메오 유전자 단백질

homoparental, ale, aux [ɔmɔpaʀɑ̃tal, o] a. 【학술】 동성부모의 famille homoparentale 동성부모 가족

homoparentalité [ɔmopaʀɑ̃talite] n.f. 동성부모 l'impact de l'homoparentalité sur les enfants 아동들에게 미치는 동성부모의 영향

†**hors-série** [ɔʀseʀi] n.m. 호외 des hors-séries thématiques 주제별 호외

†**houlomoteur, trice** [ulomɔtœʀ, tʀis] a. 파력의 générateur houlomoteur 파력 발전기

houmous [umus] n.m. 후무스 《병아리콩을 으깨 만든 중동의 음식》

†**HTML** [aʃteɛmɛl] n.m. 〖전산〗 에이치티엠엘 《hypertext markup language의 영어 약어》

†**hub** [œb] n.m. <영> 1. 〖전산〗 집신장치, 허브 〔권장: concentrateur〕 2. (공항) 허브 L'aéroport de Roissy-CDG est un hub international. 샤를 드 골 공항은 국제 허브 공항이다 〔권장: pôle (d'échanges); plateforme de correspondance; plaque tournante〕

hubris, hybris [ybʀis] n.f. 1. 오만, 교만 l'hubris du héros 영웅의 교만 2. 〖학술〗 과다

hyaluronique [jalyʀɔnik] a. 〖생화학〗 *Acide hyaluronique* 히알루론산 L'acide hyaluronique est utilisé en cosmétique. 히알루론산은 화장품에 사용된다

hydrangée [idʀɑ̃ʒe] n.f. [캐나다] 수국

hydroalcoolique [idʀoalkɔlik] a. 〖화학〗 물과 알코올을 함유하고 있는 gel hydroalcoolique 손 소독제

hydrogénocarbonate [idʀɔʒenokaʀbɔnat] n.m. 〖화학〗 탄산수소염

hydrogéologue [idʀoʒeɔlɔg] n. 수리지리학자

hydrolien, ienne [idʀɔljɛ̃, jɛn] a. 조력의
— n.m. 조력에너지

hydrolienne [idʀɔljɛn] n.f. 〖상표명〗 조류 터빈 île alimentée en électricité par une hydrolienne 조류 터빈에 의해 전기가 공급되는 섬

†**hype** [ajp] <영> a. 힙한, 유행하는 des boutiques hypes 힙한 가게 quartier hype 힙한 동네
— n.f. 최신 유행; 유행을 선도하는 사람, 힙한 사람

hyperappel [ipɛʀapɛl] n.m. 〖전산〗 하이퍼콜 fonction d'hyperappel d'un dictionnaire électronique 전자사전의 하이퍼콜 기능

hyperlien [ipɛʀljɛ̃] n.m. 〖전산〗 하이퍼링크 Cliquez sur l'hyperlien. 하이퍼링크를 누르세요

hyperphagie [ipɛʀfaʒi] n.f. 〖의학〗 폭식증

hyperphagique [ipɛʀfaʒik] 〖의학〗 n. 폭식증 환자
— a. 폭식증의

hyperventilation [ipɛʀvɑ̃tilasjɔ̃] n.f. 【생리】 과호흡 hyperventilation due au stress 스트레스로 인한 과호흡

hystérisation [isteʀizasjɔ̃] n.f. (언론의) 히스테리 hystérisation des médias sur certains thèmes sociétaux 일부 사회 주제에 대한 미디어의 히스테리

hystériser [isteʀize] v.t. 1. 히스테리를 부리다 2. 과도한 반응을 유발하다 un débat qui hystérise les Français 프랑스인들의 과도한 반응을 야기하는 토론

I

ibuprofène [ibypʀɔfɛn] n.m. 이부프로펜 ((비스테로이드성 소염 진통제의 성분명))

ICU n.m. 도시 열돔 현상 ((îlot de chaleur urbain의 약어))

identifiant [idɑ̃tifjɑ̃] n.m. 〖전산〗 아이디 identifiant et mot de passe 아이디와 비밀번호

idiophone [idjɔfɔn] n.m. 〖음악〗 이디오폰, 체명 악기

impacter [ɛ̃pakte] v.t. 영향을 미치다 impacter le résultat 결과에 영향을 미치다

implantologie [ɛ̃plɑ̃tɔlɔʒi] n.f. 임플란트학

incrémentation [ɛ̃kʀemɑ̃tasjɔ̃] n.f. 〖전산〗 증분

incruste [ɛ̃kʀyst] n.f. <구어> *Taper l'incruste* 곁다리를 끼다

indétrônable [ɛ̃detʀonabl] a. 대신할 수 없는 un champion indétrônable 부동의 챔피언

infectiologue [ɛ̃fɛksjɔlɔg] n. 감염학자

infobulle [ɛ̃fobyl] n.f. 〖전산〗 풍선 도움말, 말풍선

infogérance [ɛ̃foʒeʀɑ̃s] n.f. (전산 시스템의) 아웃소싱 contrat d'infogérance 아웃소싱 계약

infographique [ɛ̃fɔgʀafik] a. 〖기술〗 컴퓨터 그래픽의

infographe, infographiste [ɛ̃fɔgʀaf; ɛ̃fɔgʀafist] n. 〖전산〗 컴퓨터 그래픽 전문가

infolettre [ɛ̃folɛtʀ] n.f. [캐나다] 뉴스레터

infothèque [ɛ̃fɔtɛk] n.f. 디지털 센터

inhalothérapeute [inaloteʀapøt] n. [캐나다] 심장과 폐 치료 전문가

inhalothérapie [inaloteʀapi] n.f. [캐나다] 심장과 폐 치료

initialer [inisjale] v.t. [지역어: 캐나다] 수결을 하다, 서명을 하다 initialer les pages d'un contrat 계약서의 페이지마다 서명을 하다

insulinodépendant, ante [ɛ̃sylinodepɑ̃dɑ̃, ɑ̃t] 〖의학〗 a. 인슐린 의존의 diabète insulinodépendant 인슐린 의존 당뇨병 sujet insulinodépendant 인슐린 의존성 당뇨병 환자
— n. 인슐린 의존

intercommunalité [ɛ̃tɛʀkɔmynalite] n.f. 코뮌그룹, 코뮌연합

intergénérationnel, elle [ɛ̃tɛʀʒeneʀasjɔnɛl] a. 세대간의 solidarité intergénérationnelle 세대간 연대

internet [ɛ̃tɛʀnɛt] n.m. 인터넷

interopérabilité [ɛ̃tɛʀɔpeʀabilite] n.f. 1. 시너지, 공조 2. 【전산·통신】 상호운용성

intranet [ɛ̃tʀanɛt] n.m. 인트라넷

intrusif, ive [ɛ̃tʀyzif, iv] a. 1. 무단침입의, 난입의 une question intrusive 무례한 질문 Tu me poses une question intrusive. 너는 나에게 무례한 질문을 한다 2. 【지질】 관입의 roches intrusives 관입암상

ipé [ipe] n.m. 이페, 이페목(열대 아메리카 나무) terrasse en ipé 이페 나무 테라스

islamophobe [islamɔfɔb] a. 이슬람 공포의

islamophobie [islamɔfɔbi] n.f. 이슬람 공포

IST [iɛste] n.f. 성병 《infection sexuellement transmissible의 약어》 se protéger des IST 성병을 예방하다

itinérance [itineʀɑ̃s] n.f. 1. <문어> 이동 2. 【통신】 로밍 frais d'itinérance 로밍 요금 service d'itinérance 로밍 서비스

J

jasette [ʒazɛt] n.f. [지역어: 캐나다] 1. 대화, 토론 faire la jasette 대화하다 2. 수다 *Avoir de la jasette* 말이 많다

jet-setteur, euse [dʒɛtsetœʀ, øz] n. (pl. ~-~s) 호화 부유층 구성원 《jet-setter라고 표기하기도 함》

jet-ski [dʒɛtski] n.m. (pl. ~-~s) 〚상표명〛 <영> 제트스키

jouabilité [ʒwabilite] n.f. 게임플레이

joystick [(d)ʒɔjstik] n.m. <영> 조이스틱 〔권장: manche à balai〕

JPEG [ʒipɛg] n.m.inv. 〚전산〛 제이피이지 《joint photographic experts group의 영어 음절 약어》

judiciarisation [ʒydisjaʀizasjɔ̃] n.f. 법에 의한 해결

judiciariser [ʒydisjaʀize] v.t. 법에 호소하다
— se judiciariser v.pron. 법에 호소되다

K

kale [ke(i)l] n.m. <영> 케일

kanoun[1] **n.m.** [지역어: 마그레브] 화덕 〘canoun; qanoun이라고 표기하기도 함〙

kanoun[2] **n.m.** 〖음악〗 카눈 〘qanoun이라고 표기하기도 함〙

karcher [kaʀʃɛʀ] n.m. 〖상표명〗 카처, (고성능의) 스팀청소기 passer la terrase au karcher 스팀청소기로 테라스를 청소하다 *Passer au karcher* 격변하다

karmique [kaʀmik] a. 연기의, 업의

katakana [katakana] n.m.inv. 가타카나 Les katakana servent à écrire les mots d'origine étrangère et les onomatopées. 가타카나는 외래어나 의성 의태어를 표기하는 데 사용된다

kefta [kɛfta] n.f. [마그레브] 코프타 ⸨다진 고기와 양파, 향신료를 함께 갈아 둥글게 빚거나 꼬챙이에 붙여 긴 막대 모양으로 만들어 구운 음식⸩

kéké [keke] n.m. [지역어: 동부지방, 남동지방] <구어> 허세꾼, 겉치레꾼; 바보 Arrête de faire le kéké ! 바보짓 그만해! *Faire le kéké* 겉치레하다, 허세를 부리다

ket [kɛt] n.m. [벨기에] <구어> 1. (브뤼셀의) 개구쟁이 2. 뻔뻔한 소년

keum [kœm] n.m. <구어> 녀석, 놈 les keums et les meufs 연놈

kicker [kikɛʀ] n.m. [벨기에; 룩셈부르크] 테이블 풋볼 tournoi de kicker 테이블 풋볼 토너먼트

kifer, kiffer [kife] <구어> v.i. 즐거움을 느끼다
— v.t. 좋아하다

kiloeuro [kiloøʀo] n.m. 천 유로(kE, k€) un budget de dix kiloeuros 만 유로의 예산

kinésiste [kinezist] n. [지역어: 벨기에] 물리치료사 《축약하여 kiné라고 쓰기도 함》

kitesurf [kajtsœʀf] n.m. 카이트서핑 《축약하여 kite라고 쓰기도 함》〔권장: planche volante〕

klezmer [klɛzmɛʀ] n.m. 유대 전통 음악
— a.inv. *Musique klezmer* 유대 전통 음악 *Musiciens klezmer* 유대 전통 음악가들

kop [kɔp] n.m. <영> 〖운동〗 캅 ((축구 응원팀이 서서 경기를 관람하는 구역)); 열광팬 le kop de Liverpool 리버풀의 열광팬

kouign-amann [kwiɲaman] n.m.inv. 쿠안 아망 ((빵 반죽에 버터와 설탕을 층층이 쌓아 만든 동그란 모양의 브르타뉴 지방의 구운 케이크))

kriek [kʀik] n.f. [벨기에] 크릭 ((체리를 넣어 만든 벨기에식 람빅 맥주))

L

labélisation, labellisation [labelizasjɔ̃] n.f. 라벨 붙이기, 라벨링

lâcher-prise [lɑʃepʀiz] n.m. (pl. ~-~s) 〖심리〗 스트레스 요인으로부터 거리두기

lapette [lapɛt] n.f. [벨기에] <구어> 연한 커피

lassi [lɑsi] n.m. 라씨 ((인도식 요구르트인 ‘다히’에 물, 소금 등을 섞어 만든 인도의 차가운 요구르트 음료))

LED [lɛd] n.f. <영> 엘이디, 발광 다이오드 ((light emitting diode의 영어 약어)) Les LED consomment peu et ne chauffent pas. 엘이디 전등은 전기 소모가 적고 열이 나지 않는다 〔권장: diode électroluminescente〕

légionelle [leʒjɔnɛl] n.f. 〖세균〗 레지오넬라균 La légionelle prolifère entre 20 et 45 ℃. 레지오넬라균은 20~45℃ 사이에서 증식한다

leptine [lɛptin] n.f. 〖생화학〗 렙틴 ((지방세포로부터 분비된 호르몬으로 식욕을 억제하고 에너지 소비를 증가시키는 역할을 함))

leucodystrophie [løkodistʀɔfi] n.f. 〚의학〛 백질이영양증 ((수초 구성단백질의 유전적 이상 등에 의해 수초에 발생하는 선택적 장애))

LGBT [ɛlʒebete] a.inv. 엘지비티의, 성소수자의 ((Lesbiennes, Gays, Bisexuels, Transgenres의 약어)) association LGBT 엘지비티 협회 communauté LGBT 엘지비티 공동체
— n.m.pl. 엘지비티, 성소수자 discriminations envers les LGBT 엘지비티에 대한 차별

libertarien, ienne [libɛʀtaʀjɛ̃, jɛn] a. 극단적 자유주의의, 극단적 자유주의자의
— n. 극단적 자유주의, 극단적 자유주의자

licéité [liseite] n.f. 〚법률〛 합법성

licorne [likɔʀn] n.f. 〚경제〛 (10억 달러 이상의 가치가 있는) 스타트업 기업

lipoaspiration [lipoaspiʀasjɔ̃] n.f. 〚의학〛 지방 흡입술 lipoaspiration du ventre 복부 지방 흡입술

locavore [lɔkavɔʀ] a. 로커보어의
— n. 로커보어 ((자신이 사는 주변지역에서 난 먹거리를 섭취하고자 하는 사람))

logopède [lɔgɔpɛd] n. [벨기에; 룩셈부르크] 언어교정치료사, 발음교정사

logopédiste [lɔgɔpedist] n. [스위스] 언어교정치료사, 발음교정사

L

longère [lɔ̃ʒɛʀ] n.f. (브르타뉴 지방의) 긴 농가건물

lose [luz] n.f. <영> <구어> 불운, 불행, 실패 Passer ses vacances sous la pluie, c'est la lose ! 빗속에서 바캉스를 보내는 것은 불행이다! ⟦loose라고 표기하기도 함⟧

lounge [laundʒ] n.m. <영> 라운지 les lounges des grands hôtels 고급 호텔 라운지; *Musique lounge* 라운지 음악 ((재즈와 라틴음악에서 파생하여 1950년대와 1960년대에 유행한 감상용 음악))

low cost [lokɔst] <영> a.inv. 저가의, 저비용의 vols low cost 저가항공 Elle a réservé une place pour Londres sur une compagnie low cost. 그녀는 저가항공사의 런던행 자리를 예약했다 〔권장: à bas prix/coût〕
— n.m.inv. 저가, 저비용 le modèle économique du low cost 저가의 경제적 모델

luminothérapie [lyminoteʀapi] n.f. 〖의학〗 광선요법, 라이트테라피 cure de luminothérapie 광선요법치료

lutz [luts; lutz; lyts] n.m. 〖운동〗 러츠 triple lutz 트리플 러츠

lycopène [likɔpɛn] n.m. 〖생화학〗 리코펜 ((토마토나 딸기 등과 같은 식물에 존재하는 붉은 색소))

M

macadamia [makadamja] n.m. (호주의) 개암나무; 마카다미아

macrolide [makʀɔlid] n.m. 〖의학〗 매크로라이드 ((방선균이 생산하는 항생 물질)) les macrolides et les quinolones 매크로라이드와 퀴놀론

maculaire [makylɛʀ] a. 황반의 dégénérescence maculaire liée à l'âge 노화에 따른 황반변성

maki [maki] n.m. 마키 makis au thon 참치 마키

making of [mekiŋɔf] n.m.inv. <영> 메이킹 필름 DVD donnant en bonus le making of du film 영화의 메이킹 필름을 보너스로 주는 디브이디

malbouffe [malbuf] n.f. <구어> 정크푸드

mal-logement [mallɔʒmɑ̃] n.m. (pl. ~-~s) 비위생적 주거환경 les coûts sociaux du mal-logement 비위생적 주거환경에 대한 사회적 비용 une aggravation du mal-logement 비위생적 주거환경의 악화

malossol [malɔsɔl] n.m. 1. 작은 오이 피클 2. *Caviar malossol* 캐비어 마로솔 ((소금을 약간 친 캐비어))

malouf [maluf] n.m. [마그레브] 말루프 ((스페인 안달루시아 계통의 음악)) la musique malouf 말루프 음악 〘maalouf [maaluf]라고 표기하기도 함〙

maloya [malɔja] n.m. 말로야 ((레위니옹 섬의 토속적인 음악·노래·춤)) le maloya et le séga 말로야와 세가

mannequinat [mankina] n.m. 패션 모델직 se lancer dans le mannequinat 패션 모델직에 뛰어들다

marchandisation [maʀʃɑ̃dizasjɔ̃] n.f. 상품화 la marchandisation des jeux olympiques 올림픽의 상품화 la marchandisation du sport 스포츠의 상품화

marchette [maʀʃɛt] n.f. [지역어: 캐나다] 1. 보행기 marchette à roulettes 보행기 2. 보행보조기

margarita [maʀgaʀita] n.f.,n.m. 마가리타(칵테일의 한 종류) boire de la margarita au bord de la mer 바닷가에서 마가리타를 마시다

marketer [maʀkəte] v.t. 마케팅 기술을 적용하다

marronnasse [maʀɔnas] a. <경멸> 더러운 밤색의

massothérapeute [masoteʀapøt] n. [캐나다] 마사지 치료사

massothérapie [masoteʀapi] n.f. [캐나다] 마사지 요법

master[1] [mastœʀ; mastɛʀ] n.m. <영> 마스터, 원판 〔권장: bande mère〕

master[2] [mastœʀ; mastɛʀ] n.m. <영> 마스터, 마스터 학기

master class [mastœʀklas; mastɛʀklas] n.f.inv. <영> 〖음악〗 마스터 클래스 les master class de la Callas 칼라스의 마스터 클래스 organiser une master class 마스터 클래스를 조직하다 ⟦master classe라고 표기하기도 함⟧ 〔권장: classe de maître〕

mastocyte [mastɔsit] n.m. 〖생물〗 비만세포 prolifération des mastocytes 비만세포의 증식

matcha [matʃa] n.m. 말차 madeleines au matcha 말차 마들렌 thé matcha 말차

matinalier, ière [matinalje, jɛʀ] n. 〖시청각〗 (방송의) 아침 진행자 les matinaliers d'une radio 라디오 아침 진행자들

MDMA [ɛmdeɛmɑ] n.f.inv. 〖화학〗 메틸렌 디옥시 메탐페타민 ⦅méthylène-dioxy-methamphétamine의 약어⦆

mécatronique [mekatʀɔnik] n.f. 메카트로닉스 ingénieur en mécatronique 메카트로닉스 엔지니어

médoc [medɔk] n.m. <구어> 약 Prends tes médocs ! 약을 먹어라!

mêlant, ante [mɛlɑ̃, ɑ̃t] a. [지역어: 캐나다] 1. 복잡한, 어려운 une histoire mêlante 복잡한 이야기 2. *C'est pas mêlant.* <구어> 간단하다

membranophone [mɑ̃bʀanɔfɔn] n.m. 〖음악〗 막명 악기 Le tambour, les timbales, le mirliton sont des membranophones. 북, 팀파니, 미를리통은 막명 악기이다

mème [mɛm] n.m. 1. 〖학술〗 밈 ((유전자처럼 개체의 기억에 저장되거나 다른 개체의 기억으로 복제될 수 있는 비유전적 문화요소)) 2. 밈 ((인터넷이나 SNS상에 널리 유포되는 이미지나 유머러스한 글))

mercato [mɛʀkato] n.m. 〖운동〗 스토브리그, 트레이드 시장 le mercato hivernal 동계 트레이드 시장 〔권장: marché des transferts〕

merengue, merengué [məʀɛ̃ge; meʀɛnge] n.m. 메렝게 ((도미니카공화국에서 유래한 라틴 리듬)) 【mérengué라고 표기하기도 함】

mesurette [məzyʀɛt] n.f. 1. 계량스푼 mesurette à lait en poudre 분유 계량스푼 mesurette à lessive 세제 계량스푼 2. <구어> 비효과적인 정책

métadonnée [metadɔne] n.f. 〖정보〗 메타데이터, 메타자료

métamphétamine [metɑ̃fetamin] n.f. 필로폰, 메스암페타민

méthanisation [metanizasjɔ̃] n.f. 〖화학·생물〗 메탄가스화 méthanisation des déchets ménagers 가정쓰레기의 메탄가스화

métrosexuel, elle [metʀosɛksɥɛl] <영> a. 메트로섹슈얼의 la mode métrosexuelle 메트로섹슈얼의 유행
— n.m. 메트로섹슈얼 ((패션에 관심이 많고 외모를 꾸미는 도시 남성))

mezze, mezzé [me(d)ze] n.m. 〖음식〗 메제 《중동, 그리스, 터키에서 식사 시작 무렵 내놓는 다양한 전채 요리》 le mezze libanais 레바논 메제 〘mézé라고 표기하기도 함〙

microbiote [mikʀobjɔt] n.m. 〖미생물〗 미생물군 microbiote intestinal 장내 미생물군 microbiote cutané 피부 미생물군

microblog [mikʀoblɔg] n.m. 〖전산〗 마이크로 블로그 〔권장: microblogue〕

microbrasserie [mikʀobʀasʀi] n.f. [캐나다] 1. 수제 맥주 양조장 2. 수제 맥줏집

microcrédit [mikʀokʀedi] n.m. 마이크로 크레디트, 무담보 소액대출

microentreprise [mikʀoɑ̃tʀəpʀiz] n.f. 영세기업

microfinance [mikʀofinɑ̃s] n.f. 마이크로 파이낸스

microhistoire [mikʀoistwaʀ] n.f. 〖학술〗 미시사

microondable, micro-ondable [mikʀoɔ̃dabl] a. 전자레인지용의 plastique micro-ondable 전자레인지용 플라스틱 assiette micro-ondable 전자레인지용 접시 pop-corn micro-ondable 전자레인지용 팝콘

micropaiement [mikʀopɛmɑ̃] n.m. 소액결제 système de micropaiement 소액결제 시스템 utiliser le service de micropaiement 소액결제 서비스를 이용하다

mimesis, mimêsis [mimezis] n.f. 〚학술〛 모방, 모사, 미메시스

mimivirus [mimiviʀys] n.m. 〚세균〛 미미바이러스 la découverte du mimivirus 미미바이러스의 발견

minimex [minimɛks] n.m. [벨기에] 보조금 수당 《minimum de moyens d'existence의 음절 약어》 bénéficiaire du minimex 보조금 수당 수혜자

minimexé, ée [minimɛkse] n. [벨기에] 보조금 수령자

minispace [minispas] n.m. 소형차

miso [miso; mizo] n.m. 미소 soupe (au) miso 미소국

missionner [misjɔne] v.t. 맡기다, 파견하다 missionner un expert 전문가를 파견하다

mix [miks] n.m. <영> 1. 〚음악〛 믹스 《음악, 음향 효과 등이 담긴 다양한 음원을 하나로 합성한 것》 le mix d'un DJ 디제이의 믹스 2. *Mix énergétique* 에너지 믹스 〔권장: bouquet énergétique〕

MMS [ɛmɛmɛs] n.m. <영> 엠엠에스, 멀티미디어 메시지 서비스 《multimedia messaging service의 영어 약어》 recevoir des MMS 엠엠에스를 받다 〔권장: service de message multimédia〕

mobinaute [mɔbinot] n. 모바일 단말기 이용자 internautes et mobinautes 인터넷 이용자와 모바일 단말기 이용자

modeux, euse [mɔdø, øz] n. <구어> 유행에 민감한 사람 le site préféré des modeux 유행에 민감한 사람들이 선호하는 사이트

mogette, mojette [mɔʒɛt] n.f. [지역어: 서부지방] 흰 강낭콩

mojito [mɔxito] n.m. 모히토(칵테일의 한 종류)

monte-meuble [mɔ̃tmœbl] n.m. (pl. ~-~s) 이삿짐 사다리차

MOOC [muk] n.m.inv. <영> 무크, 온라인 공개수업 《massive online open course의 영어 축약》〔권장: CLOT; CLOM〕

mook [muk] n.m. <영> 무크, 단행본과 잡지의 특성을 동시에 갖춘 출판물

mort-vivant, morte-vivante [mɔʀvivɑ̃, mɔʀtvivɑ̃t] n. (pl. ~s-~s) 언데드, 되살아난 시체 Les vampires sont des morts-vivants. 흡혈귀는 언데드이다

motomarine [motomaʀin] n.f. [캐나다] 제트스키

mototaxi, moto-taxi [mototaksi] n.f. 오토바이 택시 《mototaxi의 복수형은 mototaxis이고, moto-taxi의 복수형은 motos-taxis이다.》

motton [mɔtɔ̃] n.m. 1. [바-푸아투, 샤랑트; 캐나다] (밀가루를 물에 풀 때 풀리지 않고 생기는) 작은 덩어리 2. [캐나다] 총계, 합계 *Avoir/faire le motton* 부유하다, 돈이 있다

mouillasser [mujase] v.imp. [지역어: 서부지방, 리옹; 캐나다; 루이지애나] <구어> 이슬비가 내리다

moulée [mule] n.f. [지역어: 캐나다] 사육 동물용 밀가루 **moulée pour volailles** 가금류 사육을 위한 밀가루

MOX [mɔks] n.m. 혼합핵연료 (mélange d'oxydes의 음절 약어)

MP3 [ɛmpetʀwa] n.m. 엠피 쓰리; 엠피 쓰리 파일 (MPEG-1 Audio Layer 3의 영어 약어) **télécharger des MP3** 엠피 쓰리 파일들을 다운로드하다

mucolytique [mykolitik] a. 〖생리·의학〗 점액용해의

mug [mœg] n.m. <영> 머그잔

multicritère [myltikʀitɛʀ] a. 〖전산〗 다기준의 **recherches multicritères par mot-clé** 핵심어를 이용한 다기준 검색

multifactoriel, ielle [myltifaktɔʀjɛl] a. 1. 다인성의 **maladie multifactorielle** 다인성 질환 2. 〖학술〗 다원적인 **analyse multifactorielle des données statistiques** 통계 자료의 다원적 분석

multijoueur [myltiʒwœʀ] a. 다인용 게임의 **tournois multijoueurs** 다인용 게임 토너먼트

multilatéralisme [myltilateʀalism] n.m. 〖정치·경제〗 다국간주의

multilinguisme [myltilɛ̃gɥism] n.m. 다언어사용

multisupport [myltisypɔʀ] a. 1. 〖경제〗 *Contrat multisupport* 멀티서포트 변액보험 《고객의 보험료 원금을 보전하고 최저보증이율로 수익률을 보증하는 보험》 2. 다중지원의 édition multisupport 다중지원판

musculosquelettique [myskyloskəletik] a. 〖의학〗 근골격의 des troubles musculosquelettiques(TMS) 근골격 장애

N

naan [nan] n.m. 난 ((발효한 밀가루 반죽을 화덕에 구워 만든 인도의 전통 빵)) des naans au fromage 치즈 난

NAC [nak] n.m. 신반려동물 ((nouveaux animaux de compagnie의 음절 약어))

nandrolone [nɑ̃dʀɔlɔn] n.f. 난드롤론(근육 강화제의 일종) dopage à la nandrolone 난드롤론 복용

nanomatériau [nanomateʀjo] n.m. 나노재료

nanométrique [nanɔmetʀik] a. 〖도량〗 나노미터의

nanoparticule [nanopaʀtikyl] n.f. 〖물리〗 나노입자

nanoscience [nanosjɑ̃s] n.f. 〖학술〗 나노과학 nanosciences et nanotechnologies 나노과학과 나노기술

nanotube [nanotyb] n.m. 〖화학〗 나노튜브 des nanotubes de carbone 탄소 나노튜브

NDLR n.f. 편집자 노트 《note de la rédaction의 축약》

néorural, ale, aux [neoʀyʀal, o] n. 귀농자
— a. 귀농자의

nerd [nœʀd] n. <영> <경멸> 너드 ((지적·기술적으로 어느 한 가지에 깊게 빠져있으며 다른 세상일에 관심이 없는 사람))

Net [nɛt] n.m. 통신망

nétiquette [netikɛt] n.f. 〖전산〗 네티켓 ((네트워크(network)와 에티켓(etiquette)의 합성어로 인터넷이나 통신상에서 지켜야 할 예의))

neuneu [nønø] a. <구어> 어리석은, 멍청한 Ils sont gentils mais un peu neuneus. 그들은 친절하지만 좀 모자란다

neurodégénératif, ive [nøʀodeʒeneʀatif, iv] a. 〖의학〗 신경퇴행의 maladies neurodégénératives 신경퇴행증

neurogenèse [nøʀɔʒənɛz] n.f. 〖신경〗 신경발생, 신경조직발생

neuropsychologique [nøʀopsikɔlɔʒik] a. 〖의학〗 신경 심리의

newsletter [njuzlɛtœʀ] n.f. <영> 소식지 s'inscrire à la newsletter d'un journal 신문 소식지에 구독 신청을 하다 〔권장: lettre d'information〕

new wave [njuwɛv] n.f.inv. <영> 뉴 웨이브 ((1970년대에 유행한 록 음악)) 《new-wave라고 표기하기도 함》

niaque [njak] n.f. <구어> 승부욕 *Avoir la niaque* 승부욕이 있다

nicnac [niknak] n.m. [피카르디; 벨기에] (숫자나 문자 모양의) 작은 비스킷 grignoter des nicnacs 작은 비스킷을 조금씩 갉아먹다

ninja [ninʒa] n.m. 닌자

niqab [nikab] n.m. 니캅 ((눈을 제외한 얼굴 전부를 가리는 이슬람권 여성 복식))

nociception [nɔsisɛpsjɔ̃] n.f. 〖생리〗 통각, 아픈 감각

nominette [nɔminɛt] n.f. [지역어: 벨기에] 상표, 라벨; 배지

nommage [nɔmaʒ] n.m. 명칭부여, 네이밍 nommage d'un site internet 도메인 명칭부여

nomophobe [nɔmɔfɔb] <영> 〖학술〗 n. 휴대전화 중독자
— a. 휴대전화 중독의 adolescents nomophobes 휴대전화 중독에 걸린 청소년들

noniste [nɔnist] n. (국민투표나 설문조사에서) 반대하는 사람
— a. (국민투표나 설문조사에서) 반대하는

nori [nɔʀi] n.m. 김, 노리

novlangue [nɔvlɑ̃g] n.f. 노블랑그, (특히 정치 선전용의) 모호하고 기만적인 표현 des mots de novlangue dans les medias 미디어 속 노블랑그 단어들 novlangue politique 정치적 노블랑그

nugget [nœgɛt] n.m. <영> 너겟 des nuggets de poulet 치킨 너겟

O

OGM [oʒeɛm] n.m. 유전자 조작 생물 ⦅organisme génétiquement modifié의 약어⦆ étude de l'impact des OGM sur l'environnement 유전자 조작 생물이 환경에 영향을 미치는 연구

oléoprotéagineux, euse [ɔleopʀɔteaʒinø, øz] n.m. 채유식물 culture d'oléoprotéagineux 채유식물 재배
— a. 채유식물의

oscariser [ɔskaʀize] v.t. 오스카상을 수여하다

ostéodensitométrie [ɔsteodɑ̃sitɔmetʀi] n.f. 〖의학〗 골밀도측정

ostéonécrose [ɔsteonekʀoz] n.f. 〖의학〗 골괴사, 뼈괴사

oud [ud] n.m. 우드 ⦅주로 아랍 국가들에서 연주되는 현악기⦆

outing [autiŋ] n.m. <영> 아웃팅 ⦅본인의 의지와 상관없이 성 정체성이 알려지는 것⦆

outplacement [autplasmɑ̃] n.m. 재취업 주선, 아웃플레스먼트 ((퇴직자 또는 퇴직 예정자의 재취업을 위해 제공되는 일종의 지원활동)) trouver un cabinet d'outplacement en Ile-de-France 일드프랑스 지방의 재취업 주선 사무소를 찾다

ovalie [ɔvali] n.f. <구어> 럭비; 럭비클럽; 럭비 구장이 있는 지역

P

PACS [paks] n.m. 시민연대조약 《pacte civil de solidarité의 음절 약어》 signer/conclure un PACS 시민연대조약을 맺다

pacser [pakse] v.i. 시민연대조약을 맺다
— se pacser v.pron. 시민연대조약을 맺다 Ils se sont pacsés. 그들은 시민연대조약을 맺었다

paddle [padœl] n.m. <영> 패들 스포츠 〔권장: planche à rame〕

paintball [pɛntbol] n.m. <영> 페인트볼 ((페인트가 든 탄환을 쏘는 서바이벌 게임)) jouer au paintball 페인트볼 게임을 하다

panettone [panetɔn] n.m. 파네토네 ((발효한 밀가루에 설탕, 건포도, 설탕에 절인 과일 등을 넣어 만든 이탈리아의 대표적인 빵))

panga [pɑ̃ga] n.m. (동남아시아에 서식하는) 메기의 일종 《pangasius의 축약》

pannacotta [panakɔta] n.f. 판나코타 ((생크림, 설탕, 젤라틴, 바닐라 등의 재료를 섞어 만든 이탈리아식 푸딩)) 〖panna cotta라고 쓰기도 함〗

panthéonisation [pɑ̃teɔnizasjɔ̃] n.f. 팡테옹으로 유해 이장

panthéoniser [pɑ̃teɔnize] v.t. 팡테옹으로 유해를 이장하다

pantoute [pɑ̃tut] adv. [지역어: 캐나다] <구어> 전혀(pas나 rien과 같은 부정표현과 함께 쓰임) C'est pas vrai pantoute. 전혀 사실이 아냐 Je n'en veux pas pantoute. 나는 그것을 전혀 원하지 않는다

panty [pɑ̃ti] n.m. 1. 팬티, 거들 2. [지역어: 벨기에] 스타킹

papy-boom [papibum] n.m. (pl. ~-~s) <구어> 1. 파피붐(《베이비붐 세대가 노년층에 접어들면서 노년인구가 급증하게 되는 사회현상》) 〖papy-boum이라고 표기하기도 함〗 2. (은퇴연령이 된) 베이비붐 세대

paraben, parabène [paʀabɛn] n.m. 〖화학〗 파라벤(파라하이드록시벤조산의 에스터) 《parahydroxybenzoate의 음절 약어》

paramétrage [paʀametʀaʒ] n.m. 〖전산〗 파라미터

paraphilie [paʀafili] n.f. 〖정신의학〗 성도착

paratexte [paʀatɛkst] n.m. 〖학술〗 파라텍스트

parentalité [paʀɑ̃talite] n.f. 부모됨; 부모의 자질, 부모의 지위

parlophone [paʀlɔfɔn] n.m. 〖상표명〗 인터폰(벨기에와 룩셈부르크에서 자주 쓰임) Il est allé vers le parlophone. 그는 인터폰을 향해 갔다

parodontie [paʀɔdɔ̃si] n.f. 〖학술〗 치주학

parodontiste [paʀɔdɔ̃tist] n. 치주전문의

pashmina [paʃmina] n.m. 파시미나 ((최상급의 캐시미어 혹은 그것으로 만든 제품))

passe [pɑs] n.m. 패스, 통행권 passe national sur le réseau de chemin de fer 국내 철도 패스 Ce passe donne accès à trois musées. 이 패스로 3개의 박물관에 입장할 수 있다 〔권장: badge; pass〕

pastrami [pastʀami] n.m. 파스트라미 ((양념한 소고기를 훈제하여 차게 식힌 음식)) sandwich au pastrami 파스트라미 샌드위치

patenteux, euse [patɑ̃tø, øz] [지역어: 캐나다] <구어> n. 수공일하는 사람 patenteux et inventeurs 수공일하는 사람과 발명자 — a. 수공일하는 사람의

patientèle [pasjɑ̃tɛl] n.f. 〖학술〗 환자 집합, 환자 그룹 la patientèle d'une orthophoniste 언어치료사의 환자 그룹

PCR [peseɛʀ] n.f. 〖생물〗 폴리머레이스 연쇄반응, 중합 효소 연쇄반응 ⟪polymerase chain reaction의 영어 약어⟫

PDF [pedeɛf] n.m.inv. 〖상표명〗 피디에프 ⟪portable document format의 영어 약어⟫ document en PDF 피디에프 문서 format PDF 피디에프 형식 fichiers PDF 피디에프 파일

pêchu, e [peʃy] a. <구어> 열정적인, 역동적인, 힘이 넘치는 moteur pêchu 힘있는 모터 Elle est pêchue. 그녀는 열정적이다

pédégère [pedeʒɛʀ] n.f. <구어> 여성 최고 경영자

pédopornographie [pedopɔʀnɔgʀafi] n.f. 〖학술〗 아동 포르노

pédopornographique [pedopɔʀnɔgʀafik] a. 아동 포르노의

péguer [pege] [지역어: 프로방스, 랑그도크] v.t. 붙이다, 부착하다 bonbon qui pègue les mains 손에 붙는 사탕
— v.i. 달라붙다

pégueux, euse [pegø, øz] a. 1. [지역어: 프로방스, 랑그도크] 끈적이는, 달라붙는 une sucette pégueuse 끈적이는 막대사탕 2. 접착제의

pelant, ante [pəlɑ̃, ɑ̃t] a. [지역어: 벨기에] <구어> 피로하게 하는, 지루한 un film pelant 지루한 영화 une conférence pelante 지루한 강연

people [pipœl] <영> a.inv. *Presse/Magazine people* 유명인을 다루는 잡지
— n.m.pl. 유명인(단수로 쓰이기도 함) suivre la vie des people 유명인의 삶을 따르다

pepperoni [pepeʀɔni] n.m. <영> 페퍼로니(캐나다에서 주로 쓰임) ⟪주로 돼지고기나 소고기로 만든 양념이 들어간 이탈리아 소시지의 한 종류⟫

péquet, péket [pekɛ] n.m. [벨기에] 페케(곡주의 일종) proposer un verre de péquet 페케 한 잔을 제안하다

perchaude [pɛʀʃod] n.f. [지역어: 앙주; 캐나다] 농어

perfecto [pɛʀfɛkto] n.m. 〚상표명〛 <영> 퍼펙토 ((바이크족을 위한 모터사이클 재킷))

performeur, euse [pɛʀfɔʀmœʀ, øz] n. 1. 퍼포먼스 공연자 auteur et performeur 작가와 퍼포먼스 공연자 2. 최우수 선수 la meilleure performeuse de l'année 올해의 최우수 여자 선수

permaculture [pɛʀmakyltyʀ] n.f. 〚농업〛 영속농업

peroxydé, ée [pɛʀɔkside] a. 〚화학〛 과산화물의

pesto [pɛsto] n.m. 페스토 ((바질을 빻아 올리브오일, 치즈, 잣 등과 함께 갈아 만든 녹색의 이탈리아 전통 소스))

PET [peøte] n.m. 〚화학〛 페트 (polyéthylènetéréphtalate의 약어) bouteille en PET 플라스틱 병, 페트 병 recyclage du PET 페트 재활용

pète [pɛt] n.m. <구어> 흠, 맞은 자국, 움푹 들어간 자국 avoir un pète à la voiture 자동차에 흠이 있다 *Avoir un pète au casque* 약간 미치다

pétromonarchie [petʀomɔnaʀʃi] n.f. 걸프만의 석유 독재 정부

phô [fø] n.m. 〚음식〛 베트남 쌀국수

photojournalisme [fɔtoʒuʀnalism] n.m. 포토저널리즘

photojournaliste [fɔtoʒuʀnalist] n. 포토저널리스트

photoreporteur, trice [fɔtoʀ(ə)pɔʀtœʀ, tʀis] n. 포토리포터

phtalate [ftalat] n.m. 〖화학〗 프탈레이트 décret relatif à la limitation de l'emploi de certains phtalates dans les jouets 장난감에 프탈레이트 사용 제한에 관한 법령

physiatre [fizjatʀ] n. [지역어: 캐나다] 물료요법전문의, 물리요법전문의

physiatrie [fizjatʀi] n.f. [지역어: 캐나다] 물료요법학, 물리요법학

pic-bois, pique-bois [pikbwɑ] n.m. [지역어: 캐나다; 루이지애나] 딱따구리과 ((pic-bois의 복수형은 pics-bois이고, pique-bois는 복수 불변이다.))

picrocholin, ine [pikʀɔkɔlɛ̃, in] a. <문어> *Guerre picrocholine* (동기가 모호하고 의미 없는) 개인이나 기관들 사이의 갈등

piégeux, euse [pjeʒø, øz] a. 함정의 question piégeuse 함정 문제

piercing [piʀsiŋ] n.m. <영> 피어싱 porter un piercing au nombril 배꼽에 피어싱을 하다

piétonnisation [pjetɔnizasjɔ̃] n.f. 보행자 전용화 la piétonnisation d'une rue 길을 보행자 전용으로 만듦

pils [pils] n.f. 필스(맥주의 한 종류)

pinotte [pinɔt] n.f. [캐나다] <영> <구어> 땅콩 du beurre de pinotte(s) 땅콩버터 *Pour des pinottes* 거의, 거저, 헐값으로 travailler pour des pinottes 거저 일하다

pipolisation [pipɔlizasjɔ̃] n.f. <구어> 피폴리자시옹 ((공인의 사생활을 미디어에서 다루기)) 〘peopolisation이라고 표기하기도 함〙

piquerie [pikʀi] n.f. (캐나다에서 마약 중독자들이) 마약을 주사하는 곳

piquillo [pikijo] n.m. (스페인 바스크 지방의) 피퀴요 고추

pixélisation [pikselizasjɔ̃] n.f. 【전산】 픽셀화 〘pixellisation이라고 표기하기도 함〙

pixéliser [pikselize] v.t. 【전산】 픽셀화하다 photo pixélisée 픽셀화된 사진 〘pixelliser라고 표기하기도 함〙

placardisation [plakaʀdizasjɔ̃] n.f. 격리

placardiser [plakaʀdize] v.t. 격리시키다, 따로 떼어놓다

plaider-coupable [pledekupabl] n.m. (pl. ~-~s) 【법률】 유죄협상제, 플리바게닝 ((피의자가 혐의를 인정하는 조건으로 검찰이 가벼운 범죄로 기소하거나 형량을 낮춰 주는 제도))

plancha [plɑ̃(t)ʃa] n.f. 철판, 그릴 calamars à la plancha 철판 오징어

plasticine [plastisin] n.f. 【상표명】 [벨기에; 캐나다; 모리셔스] 플라스티신(공작용 점토)

playlist, playliste [plɛlist] n.f. <영> 곡목표, 플레이리스트 〔권장: sélection〕

pochetron, onne [pɔʃtʀɔ̃, ɔn] n. <구어> 술꾼

podcast [pɔdkast] n.m. <영> 팟캐스트 〔권장: diffusion pour baladeur〕

podcaster [pɔdkaste] v.t. 〖전산〗 휴대용 기기에 다운로드하다 podcaster de la musique sur son portable 휴대전화에 음악을 다운로드하다

podiatre [pɔdjatʀ] n. [지역어: 캐나다] 족전문의, 족질환 전문의

podiatrie [pɔdjatʀi] n.f. [지역어: 캐나다] 족학, 족질환 의학

podotactile [pɔdotaktil] a. (시각장애인용) 점자블록의 installer une dalle podotactile 점자블록 타일을 설치하다

pogo [pogo] n.m. 〖상표명〗 포고댄스

pogoter [pɔgɔte] v.i. 포고댄스를 추다

polyhandicapé, ée [pɔliɑ̃dikape] a. 중복장애의 enfant polyhandicapé 중복장애 아동
— n. 중복장애인 la prise en charge des polyhandicapés 중복장애인 부양

polyphénol [pɔlifenɔl] n.m. 〖생화학〗 폴리페놀(항산화 물질의 일종) les polyphénols du vin 포도주의 폴리페놀

pom-pom girl [pɔmpɔmgœʀl] n.f. <영> 폼폼걸, 치어리더

popaa [pɔpaa] [지역어: 폴리네시아] n. 외국인; 백인
— a. 외국인의; 백인의

pop-up [pɔpœp] n.m.inv. <영> 1. 팝업북 2. 〖전산〗 팝업창 〔권장: fenêtre intruse〕

porte-flingue [pɔʀt(ə)flɛ̃g] n.m. (pl. ~-~s) <구어> 경호원; 불한당, 깡패

portionnable [pɔʀsjɔnabl] a. 분할되는, 분리되는 sauce surgelée portionnable 분리되는 냉동 소스

post [pɔst] n.m. <영> 포스트

post-it [pɔstit] n.m.inv. 〖상표명〗 <영> 포스트잇; 〖전산〗 바탕화면 포스트잇 〔권장: papillon〕

post-traumatique [pɔsttʀomatik] a. 〖의학〗 외상후의

poucer [puse] v.i. [지역어: 캐나다] <구어> 히치하이크하다

poulamon [pulamɔ̃] n.m. [지역어: 캐나다] 〖동물〗 대구과

pourriel [puʀjɛl] n.m. [캐나다] 스팸메일 Le pourriel est une plaie pour l'internaute. 스팸메일은 네티즌에게 골칫거리이다

pourvoirie [puʀvwaʀi] n.f. [지역어: 캐나다] (사냥꾼이나 낚시꾼에게) 숙소나 장비를 제공해주는 시설

poutine [putin] n.f. [캐나다] 푸틴 ((감자튀김에 그레이비소스와 녹인 치즈를 넣어 만든 음식))

poutou [putu] n.m. [지역어: 남서지방] <구어> 입맞춤

prébiotique [pʀebjɔtik] 〖학술〗 a. 프리바이오틱스의
— n.m. 프리바이오틱스

prépension [pʀepɑ̃sjɔ̃] n.f. [벨기에; 룩셈부르크] 1. 조기퇴직자 2. 조기퇴직연금 toucher la prépension 조기퇴직연금을 받다

prépensionné, ée [pʀepɑ̃sjɔne] [벨기에; 룩셈부르크] a. 조기퇴직한
— n. 조기퇴직자

prépubère [pʀepybɛʀ] a. 전(前)사춘기의
— n. 전(前)사춘기 아동

préquel n.m., **préquelle** [pʀekɛl] n.f. <영> 프리퀄 ((오리지널 영화에 선행하는 사건을 담은 속편)) 〔권장: présuite〕

prérequis [pʀeʀ(ə)ki] n.m. 필요전제조건

presbyacousie [pʀɛsbiakuzi] n.f. 〖의학〗 노인성 난청

présentiel, ielle [pʀezɑ̃sjɛl] a. 현장의 enseignement présentiel 현장 교육
— n.m. *Formation en présentiel* 현장 연수, 현장 교육

prestigieusement [pʀɛstiʒjøzmɑ̃] adv. 위엄 있게

primatologue [pʀimatɔlɔg] n. 영장류 전문가

primature [pʀimatyʀ] n.f. [지역어: 아이티; 마그레브; 흑아프리카; 지부티; 마다가스카르] 1. 총리직 2. 총리 부속 기관

primoaccédant, ante [pʀimoaksedɑ̃, ɑ̃t] n. 생애 첫 주택보유자
— a. 생애 첫 주택보유자의

priorisation [pʀijɔʀizasjɔ̃] n.f. 우선권 부여

prioriser [pʀijɔʀize] v.t. 1. 우선권을 주다, 중시하다 prioriser la qualité 품질을 중시하다 2. 중요도를 정하다 prioriser ses tâches 임무의 중요도를 정하다

P

probiotique [pʀɔbjɔtik] a. 프로바이오틱의
— n.m. 프로바이오틱스 ((체내에서 건강에 좋은 효과를 주는 살아 있는 균))

procrastiner [pʀɔkʀastine] v.i. <문어> 손 놓고 있다; 일을 미루다

profileur, euse [pʀɔfilœʀ, øz] n. 프로파일러

protéome [pʀɔteom] n.m. 〖생물〗 단백체

protéomique [pʀɔteɔmik] 〖과학〗 n.f. 단백체학
— a. 단백체학의

provirus [pʀɔviʀys] n.m. 〖세균〗 프로바이러스 ((동물 바이러스의 전구체로 흔히 레트로바이러스를 지칭))

proxy [pʀɔksi] n.m. <영> 〖전산〗 프록시 ((데이터를 해당 사이트에서 PC로 바로 가져오는 것이 아니라 임시 저장소인 프록시 서버를 거쳐 가져오는 것)) 〔권장: serveur mandataire; mandataire〕

prudentiel, ielle [pʀydɑ̃sjɛl] a. 〖재정〗 재정 리스크를 관리하는 *Autorité de contrôle prudentiel* 프랑스에서 은행이나 보험회사 활동을 감시하는 독립된 행정기관

psychoactif, ive [psikoaktif, iv] a. 〖학술〗 정신에 작용하는

psychogénéalogie [psikoʒenealɔʒi] n.f. 〖학술〗 심리계보학

psychogénéalogiste [psikoʒenealɔʒist] n. 심리계보전문가

psychoter [psikɔte] v.i. <구어> 겁나다, 두려워하다 Arrête de psychoter ! 두려워하는 걸 멈춰라!

puçage [pysaʒ] n.m. 1. 전자 칩 달기 2. 전자 칩 이식

pucer [pyse] v.t. 전자 칩을 달다 faire pucer son chien 개에게 전자 칩을 달다

pygmalion [pigmaljɔ̃] n.m. <문어> 자기 정부를 가르치는 남자; 멘토

Q

qi gong [tʃikɔ̃g] n.m.inv. 기공 ((동양에서 전래한 기를 다스리는 수련))

quad [kwad] n.m. <영> 사륜 구동 오토바이 course de quads 4륜 구동 오토바이 경주

quétaine [ketɛn] a. [지역어: 캐나다] <구어> 저속한, 저급한 *Avoir l'air quétaine* 품위가 없다, 기품이 없다

quinolone [kinɔlɔn] n.f. 〖의학〗 퀴놀론(항생제의 일종)

quinzomadaire [kɛ̃zɔmadɛʀ] a. 격주간의
— n.m. 격주간 잡지 les quinzomadaires et les mensuels 격주간 잡지와 월간지들

R

racinaire [ʀasinɛʀ] a. 〖식물〗 뿌리의 absorption racinaire 뿌리흡수

racrapoter (se) [ʀakʀapɔte] v.pron. [지역어: 벨기에] <구어> 1. 움츠리다 se racrapoter sous la couette 깃털 이불 아래에서 움츠리다 2. 틀어박히다

radiotoxicité [ʀadjotɔksisite] n.f. 〖의학〗 방사능 독성

radique [ʀadik] a. 〖의학〗 방사선 요법에 의한

raggamuffin [ʀagamœfin] n.m. <영> 〖음악〗 라가머핀 ((1980년대 중반 자메이카에서 발생한 레게의 하위 장르))

ramasse [ʀamɑs] n.f. <구어> *Être à la ramasse* 뒤떨어지다, 뒤지다

rapailler [ʀapaje] v.t. [지역어: 캐나다] <구어> 모으다, 집결시키다 rapailler ses affaires 소지품을 모으다 rapailler ses idées 생각을 모으다

rassoul [ʀasul] n.m. 가슬팩 ((피부나 머리카락을 가꾸기 위해 마그레브에서 전통적으로 사용하는 비누가 섞인 점토)) 〖ghassoul [ʀasul; xasul]이라고 표기하기도 함〗

raveur, euse [ʀɛvœʀ, øz] n. 레이브 파티 참가자 Des centaines de raveurs ont dansé toute la nuit. 수백 명의 레이브 파티 참가자들이 밤새도록 춤을 추었다

recadrage [ʀəkadʀaʒ] n.m. 재조정, 재수정 un recadrage budgétaire 예산 재조정

recapitalisation [ʀəkapitalizasjɔ̃] n.f. <영> 〚재정〛 자본재구성, 자본재편

recherchiste [ʀ(ə)ʃɛʀʃist] n. [지역어: 캐나다] 연구자, 조사자

recombiner [ʀ(ə)kɔ̃bine] 〚화학〛 v.t. 재결합하다, 재조합하다 recombiner des séquences d'ARN 리보핵산(RNA) 시퀀스를 재결합하다
— se recombiner v.pron. 재결합되다, 재조합되다 électrons qui se recombinent 재결합되는 전자

reconstructeur, trice [ʀ(ə)kɔ̃stʀyktœʀ, tʀis] a. 재건하는, 복구하는 chirurgie reconstructrice 재건외과
— n. 재건자, 복구자

recontacter [ʀ(ə)kɔ̃takte] v.t. 재접촉하다, 다시 연락하다 recontacter un ami d'enfance 어린 시절 친구와 다시 연락하다 Recontactez-moi à la rentrée. 개학하면 다시 연락하세요

recycleur[1] [ʀ(ə)siklœʀ] n.m. 재호흡기 ((마스크와 산소 공급 장치로 구성된 수중 호흡기))

recycleur, euse[2] [ʀ(ə)siklœʀ, øz] n. 재활용 전문가 récupérateurs et recycleurs 회수업자와 재활용 전문가

redistributif, ive [ʀ(ə)distʀibytif, iv] a. 〘경제〙 재분배의 système fiscal redistributif 세무 재분배 시스템

réenchanter [ʀeɑ̃ʃɑ̃te] v.t. 매혹하다, 사로잡다 réenchanter un public avec un nouveau répertoire 새로운 레퍼토리로 대중을 매혹하다 réenchanter les étudiants avec sa nouvelle méthode d'enseignement 새로운 교수법으로 학생들을 사로잡다

réfectionner [ʀefɛksjɔne] v.t. [지역어: 벨기에; 아프리카] 새롭게 하다 réfectionner la toiture de la maison 집 지붕을 새롭게 하다

référencement [ʀefeʀɑ̃smɑ̃] n.m. 〘상업〙 견본에 조회번호 매기기

référent, ente [ʀefeʀɑ̃, ɑ̃t] 〘행정〙 a. *Éducateur référent* 어려움에 처한 어린이나 청소년을 돕는 전문가 *Enseignant référent* 장애학생을 돕는 담당자 *Médecin référent* 주치의 Votre médecin référent est un conseiller pour proposer les examens et les traitements les plus adaptés à votre état de santé. 당신 주치의는 당신 건강 상태에 가장 적합한 검사와 치료를 제안하는 조언자이다

— n. 대리인

refondateur, trice [ʀəfɔ̃datœʀ, tʀis] 〘정치〙 a. 재창당의, 재창설의

— n. 재창당 참여자

refondation [ʀəfɔ̃dasjɔ̃] n.f. 〚정치〛 재창당, 재창설

réinitialisation [ʀeinisjalizasjɔ̃] n.f. 〚전산〛 재부팅, 초기화

réinitialiser [ʀeinisjalize] v.t. 〚전산〛 재부팅하다, 초기화하다

relish [ʀəliʃ] n.f. [캐나다] 렐리시 ((과일, 채소에 양념을 해서 걸쭉하게 끓인 뒤 차게 식혀 고기, 치즈 등에 얹어 먹는 소스)) relish au maïs 옥수수 렐리시

relocalisation [ʀəlɔkalizasjɔ̃] n.f. 이전

relocaliser [ʀəlokalize] v.t. 이전하다 relocaliser les usines 공장을 이전하다

relookage [ʀəlukaʒ] n.m. <구어> 재단장 le relookage d'une ligne de produits de beauté 화장품 라인의 재단장

relou, e [ʀəlu] a. <구어> 둔감한, 섬세하지 못한, 기분에 거슬리는 une blague reloue 기분에 거슬리는 농담

remastériser [ʀəmasteʀize] v.t. <영> 재녹음하다 version remastérisée 재녹음된 판

remédiation [ʀ(ə)medjasjɔ̃] n.f. 〚학술〛 기초학습 부진학생 지도 logiciels de remédiation 기초학습 부진학생 지도 소프트웨어

remixer [ʀəmikse] v.t. <영> 리믹스하다 version remixée 리믹스된 판

REP [ʀɛp] n.m. 〘행정〙 우선 교육 네트워크 (réseau d'éducation prioritaire의 음절 약어) collège classé en REP 우선 교육 네트워크로 분류된 중학교

reprotoxique [ʀ(ə)pʀɔtɔksik] a. 〘학술〙 생식독성의 substances reprotoxiques 생식독성물질

réseautage [ʀezotaʒ] n.m. [캐나다] 네트워킹, 인맥 쌓기 une bonne occasion de réseautage 네트워킹의 좋은 기회

réseauter [ʀezote] v.i. 인맥을 쌓다 réseauter sur internet 인터넷상에서 인맥을 쌓다

resituer [ʀəsitye] v.t. 재위치 시키다 resituer un film dans son époque 영화를 그 시대에 놓고 보다 resituer une phrase dans son contexte 문장을 문맥에 놓고 보다

ressenti [ʀ(ə)sɑ̃ti] n.m. 〘심리〙 인상, 느낌 le vécu et le ressenti 경험과 인상 exprimer son ressenti 자신의 느낌을 표현하다

retoquer [ʀ(ə)tɔke] v.t. 거부하다, 기각하다 retoquer une loi 법률을 기각하다

rétrocommission [ʀetʀokɔmisjɔ̃] n.f. 불법 리베이트 une liste des rétrocommissions 불법 리베이트 목록

rétroéclairage [ʀetʀoeklɛʀaʒ] n.m. 〘기술〙 백라이트 rétroéclairage d'écrans LCD 엘시디 모니터의 백라이트

rétroplanning [ʀetʀoplaniŋ] n.m. 추진일정표 construire un rétroplanning efficace 효과적인 추진일정표를 짜다 créer un calendrier de rétroplanning 추진일정표 달력을 만들다

RFID [ɛʀɛfide] n.f. 〚기술〛 전자태그, 스마트태그 《radio frequency identification의 영어 약어》 identification par RFID 전자태그에 의한 식별 puce RFID 전자태그 칩 La RFID sert à identifier des objets ou des personnes. 전자태그는 사물이나 사람을 식별하는 데 사용된다

riad [ʀijad] n.m. 리아드(모로코식 전통가옥) louer un riad 리아드를 임대하다 réserver un riad au Maroc 모로코에 리아드를 예약하다

ricine [ʀisin] n.f. 리신 ((피마자의 씨 속에 들어있는 독성물질)) La ricine, toxine végétale la plus puissante, peut être utilisée comme arme biologique. 강력한 식물 독성인 리신은 생물 무기로 사용될 수 있다

ringardisation [ʀɛ̃gaʀdizasjɔ̃] n.f. <구어> 낡아빠짐, 조잡함 une ringardisation de la loi fondamentale 낡아빠진 기본법

R.M.A. [ɛʀɛma] n.m. (고용주가 비정규직에 지불하는) 활동 최저 소득 《revenu minimum d'activité의 약어》

R&B, R'nB, R'n'B [ɛʀɛnbi] n.m. 〚음악〛 알앤비 ((1940년대 미국에서 탄생한 대중음악의 한 장르)) 《rhythm and blues의 영어 약어》

road movie, road-movie [ʀodmuvi] n.m. <영> 로드무비 les road movies américains 미국식 로드무비

roentgenium [ʀœntgenjɔm] n.m. 〖화학〗 뢴트게늄 《원자번호 111번의 원소, 원소 기호는 Rg》

rôliste [ʀolist] n. 역할놀이 참여자

romanesco [ʀɔmanɛsko] n.m. 로마네스코 브로콜리 des choux romanescos 로마네스코 브로콜리

rotavirus [ʀɔtaviʀys] n.m. 〖세균〗 로타바이러스 infection à rotavirus 로타바이러스 감염

rottweiler [ʀɔtvajlœʀ] n.m. 로트와일러(독일 개 품종) 《rottweiller 라고 표기하기도 함》

rouméguer [ʀumege] v.i. [지역어: 남서지방, 랑그도크] 불평하다, 투덜거리다

rousquille [ʀuskij] n.f. 루스키유(반지 모양의 비스킷) 《rosquille [ʀɔskij]라고 표기하기도 함》

RSA [ɛʀɛsɑ] n.m. 적극적 연대 소득 《2010년부터 만 26세 이상의 청년 실업자에게 지급하는 일종의 청년수당》 《revenu de solidarité active의 약어》

RSS [ɛʀɛsɛs] n.m. 〖전산〗 (XML 기반의) 콘텐츠 배급 포맷 《really simple syndication의 영어 약어》

rutherfordium [ʀytɛʀfɔʀdjɔm] n.m. 〖화학〗 러더포듐 《원자번호 104번의 원소, 원소 기호는 Rf》

S

salafisme [salafism] n.m. 〖종교〗 살라피즘, 살라프파 ⦅초기 이슬람 시대로 회귀를 주장하는 수니파의 사상⦆

salafiste [salafist] 〖종교〗 a. 살라피즘의 〔salafite [salafit]라고 쓰기도 함〕
— n. 살라피스트, 살라피즘 신봉자/추종자

salchow [salko] n.m. 〖운동〗 살코(피겨 스케이팅 점프의 일종) double salchow 더블 살코 triple salchow 트리플 살코

salomé [salɔme] n.m.,n.f. 티 스트랩 구두

saltationnisme [saltasjɔnism] n.m. 도약주의, 도약론

samoussa [samusa] n.m. 사모사 ⦅감자, 완두, 다진 고기 등을 향신료로 간을 해서 페이스트리 반죽으로 만든 피 속에 넣고 튀겨 낸 인도 요리⦆ 〔samosa [samɔsa]라고 쓰기도 함〕

sample [sɑ̃pl] n.m. <영> 〖음악〗 견본, 샘플

sampler [sɑ̃ple] v.t. 〖음악〗 소리의 샘플을 만들다

sampler, sampleur [sɑ̃plœʀ] n.m. 〖음악〗 샘플러 ((샘플링에 의해 표본화된 소리를 재생 출력할 수 있는 장치))

sapinage [sapinaʒ] n.m. [캐나다] 전나무 가지 Le lièvre aime le sapinage. 산토끼는 전나무 가지를 좋아한다

sarin [saʀɛ̃] n.m. 〖화학〗 사린 《Schrader, Ambros, Rüdiger et Van der Linde의 음절 약어》 le sarin et le tabun 사린과 독가스

saucette [sosɛt] n.f. [캐나다] (짧은) 물놀이 une saucette dans la rivière 강에서 물놀이

saudade [sodad; saudad(e)] n.f. (파두 음악에서 표현한) 향수, 갈망 les saudades de mes amours anciennes 옛사랑에 대한 향수

sauropodes [sɔʀɔpɔd] n.m.pl. 〖동물〗 용각하목, 용각류

scan [skan] n.m. <영> 1. 스캐너 2. 스캔 effectuer le scan d'un document 문서를 스캔하다 3. 스캔된 자료 analyser des scans 스캔된 자료를 분석하다

scapula [skapyla] n.f. 〖해부〗 견갑골, 어깨뼈

scénarisation [senaʀizasjɔ̃] n.f. 시나리오 각색 la scénarisation d'un roman 소설의 시나리오 각색

schmilblick [ʃmilblik] n.m. <구어> *Faire avancer le schmilblick* 일을 진전시키다

scrapbooking [skʀapbukiŋ] n.m. 스크랩북 만들기

scratch[1] [skʀatʃ] n.m. <영> 〖음악〗 스크래치

scratch[2] [skʀatʃ] n.m. <영> 벨크로 운동화, 찍찍이 운동화

seaborgium [sibɔʀgjɔm] n.m. 〖화학〗 시보귬 ((원자번호 106번의 원소, 원소 기호는 Sg))

séga [sega] n.m. [레위니옹] 세가; 세가음악

selfie [sɛlfi] n.m. <영> 셀피, 셀카 사진 Comment prendre de bons selfies ? 어떻게 멋진 셀피를 찍을 수 있을까?

semi-marathon [səmimaʀatɔ̃] n.m. 하프 마라톤

sérendipité [seʀɑ̃dipite] n.f. <영> 세렌디피티

sexer [sɛkse] v.t. 〖축사〗 성 감별하다 sexer les poussins mâles 수평아리를 감별하다

sexothérapeute [sɛksoteʀapøt] n. 〖의학〗 성 치료 전문가

sexothérapie [sɛksoteʀapi] n.f. 성 치료

sex-toy [sɛkstɔj] n.m. (pl. ~-~s) <영> 섹스토이

shiitaké [ʃiitake] n.m. 표고버섯

shorty [ʃɔʀti] n.m. <영> 1. 무릎까지 오는 잠수복 2. 쇼티, 드로즈

siester [sjɛste] v.i. [지역어: 아프리카] <구어> 낮잠을 자다 siester à l'ombre 그늘에서 낮잠을 자다 siester au soleil 햇볕에서 낮잠을 자다 Pour mieux travailler le soir, il faut siester. 밤에 일을 더 잘하기 위해서는 낮잠을 자야한다

silicagel [silikaʒɛl] n.m. 〖화학〗 실리카겔 sachet de silicagel 실리카겔 팩

sitographie [sitɔgʀafi] n.f. 인터넷 사이트 목록 consulter la sitographie d'un mémoire 논문의 인터넷 사이트 목록을 참조하다

skateur, euse [skɛtœʀ, øz] n. <영> 스케이터

skeleton [skəletɔn] n.m. 〖운동〗 스켈레톤; 스켈레톤 썰매 Le skeleton est l'un des plus anciens sports de glisse. 스켈레톤은 가장 오래된 활주 스포츠 중 하나이다

slam [slam] n.m. <영> 포에트리 슬램 ((운율에 맞춰 시를 읽어 내려가는 낭독 대회 퍼포먼스)) tournoi de slam 포에트리 슬램 토너먼트

slamer [slame] v.i. <영> 운율에 맞추어 시를 낭송하다

slameur, euse [slamœʀ, øz] n. <영> 운율에 맞추어 시를 낭송하는 사람

slash [slaʃ] n.m. <영> 슬래시, 사선, 빗금(/) des slashs et des antislashs 슬래시와 역슬래시

slim [slim] n.m. <영> 슬림 진 un slim stretch 신축성이 있는 슬림 진

sloche [slɔʃ] n.f. [캐나다] <영> <구어> 슬러시, (녹아서) 진창이 된 눈 〔권장: gadoue〕

smartphone [smaʀtfɔn] n.m. 〚상표명〛 <영> 스마트폰 les applications pour smartphone 스마트폰 어플리케이션 〔권장: terminal de poche; ordiphone〕

smoothie [smuzi] n.m. <영> 스무디 smoothie aux fruits rouges 붉은 과일 스무디 bar à smoothies 스무디 바

SMS [ɛsɛmɛs] n.m. 에스엠에스, 단문 메시지 《short message service의 영어 약어》 recevoir des SMS 에스엠에스를 받다

sniper [snajpœʀ] n.m. <영> 1. 저격수 〔권장: tireur isolé〕 2. 혹평가

snowboard [snobɔʀd] n.m. <영> 스노보드 〔권장: planche de neige〕

sociopathe [sɔsjɔpat] 〚정신의학〛 n. 소시오패스 les différences entre psychopathe et sociopathe 사이코패스와 소시오패스의 차이 reconnaître un sociopathe 소시오패스를 식별하다
— a. 소시오패스의

socket, socquet [sɔkɛ] n.m. [지역어: 벨기에] (전구의) 소켓 《soquet라고 표기하기도 함》

softball [sɔftbol] n.m. <영> 소프트볼 une équipe féminine de softball 여성 소프트볼팀

solage [sɔlaʒ] n.m. [캐나다] (건설의) 기초공사

sondagier, ière [sɔ̃daʒje, jɛʀ] a. 여론조사의 tendances sondagières 여론조사 경향

souplex [suplɛks] n.m. 지하와 복층으로 이루어진 아파트

sourcer [suʀse] v.t. 1. 정확한 출처를 밝히다 citations non sourcées 출처가 밝혀지지 않은 인용문들 2. 정보의 출처를 밝히다

sous-munitions [sumynisjɔ̃] n.f.pl. 집속탄환 bombes à sous-munitions 집속탄

souverainisme [suv(ə)ʀenism] n.m. 〖정치〗 1. 퀘벡주권운동 2. 유럽주권운동

spa [spa] n.m. 스파

spaetzle [ʃpɛtzœl(ə); ʃpɛtzlə] n.m. [지역어: 알자스] 슈페츨러 ((밀가루에 달걀과 소금을 넣어 만드는 면요리)) ⦅spaetzli [ʃpetzli] 라고 표기하기도 함⦆

spam [spam] n.m. <영> 스팸 〔권장: arrosage〕

spectaculairement [spɛktakylɛʀmɑ̃] adv. 화려하게, 눈부시게

spin-off [spinɔf] n.m.inv. <영> 스핀오프 ((원작 영화나 드라마를 바탕으로 새롭게 파생되어 나온 작품)) 〔권장: version dérivée〕

spoiler [spɔjle] v.t. <영> 스포일러하다 parler d'un film sans le spoiler 스포일러 하지 않고 영화에 대해 말하다

sras [sʀas] n.m. 〖의학〗 사스, 중증급성호흡기증후군 ⦅syndrome respiratoire aigu sévère의 음절 약어⦆ l'épidémie de sras 사스 유행

stadier, ière [stadje, jɛʀ] n. 경기장 보안 요원 ⦅stadiaire라고 하기도 함⦆

statine [statin] n.f. 〖약학〗 스타틴(콜레스테롤 저하제)

stent [stɛnt] n.m. <영> 〖의학〗 스텐트 ⦅혈관 폐색 등을 막기 위해 혈관에 주입하는 원통형의 의료용 재료⦆

stevia, stévia [stevja] n.m.,n.f. 스테비아 ⦅하천이나 습지대 주변에서 자라는 국화과의 여러해살이풀⦆

stiletto [stileto] n.m. 스틸레토 힐

stomie [stɔmi] n.f. 인공항문성형술, 결장조루술

strapping [stʀapiŋ] n.m. 〖의학〗 스트래핑

streaming [stʀimiŋ] n.m. <영> 〖전산〗 스트리밍 site de streaming musical 음악 스트리밍 사이트 〔권장: (en) flux〕

street art [stʀitaʀt] n.m. <영> 거리예술

strike [stʀajk] n.m. <영> (야구나 볼링의) 스트라이크

subclaquant, ante [sybklakɑ̃, ɑ̃t] a. <구어> 1. 말기의, 위독한 un vieillard subclaquant 위독한 노인 2. 극도로 피곤한 Ils sont subclaquants. 그들은 극도로 피곤하다 3. 사용되지 않는, 쓸모없는 Mon ordinateur est subclaquant. 나의 컴퓨터는 쓸모없다

sudoku [sudoku; sydɔku] n.m. 〖상표명〗 스도쿠 ⦅숫자를 사용하는 퍼즐게임⦆

S

superacide [sypɛʀasid] n.m. 『화학』 초강산

supergéant [sypɛʀʒeɑ̃] n.m. (스키의) 슈퍼 대회전 《super-G; super G라고 쓰기도 함》

supergéante [sypɛʀʒeɑ̃t] n.f. 『천문』 초거성 une supergéante rouge 적색 초거성 une supergéante bleue située à 93 milliards années-lumières de la Terre 지구로부터 930억 광년 떨어져 있는 청색 초거성

super-héros [sypɛʀeʀo] n.m.inv. 슈퍼히어로

superoxyde [sypɛʀɔksid] n.m. 『화학』 초과산화물(O^{2-})

supplémentation [syplemɑ̃tasjɔ̃] n.f. 보충제 prendre de la supplémentation en protéines 단백질 보충제를 섭취하다

supposément [sypozemɑ̃] adv. [지역어: 캐나다] 소위, 이른바

suractif, ive [syʀaktif, iv] a. 효과를 강화한

surbrillance [syʀbʀijɑ̃s] n.f. 『전산』 강조 표시

surchemise [syʀʃ(ə)miz] n.f. 오버셔츠

surcote [syʀkɔt] n.f. 1. 웃돈, 프리미엄 Cet appartement bénéficie d'une surcote. 이 아파트는 프리미엄 혜택이 있다 2. 연금 가산 surcote et décote 연금 가산과 연금 삭감

surjouer [syʀʒwe] v.t. 과장되게 연기하다

surréagir [syʀʀeaʒiʀ] v.i. 과민반응하다 Elle a une tendance à surréagir. 그녀는 과민반응하는 경향이 있다

survitaminé, ée [syʀvitamine] a. <구어> 1. 비타민이 많이 함유된 boisson survitaminée 비타민이 많이 함유된 음료 2. 강력한 모터의 3. 에너지가 넘치는, 활력이 넘치는 hip-hop survitaminé 활력이 넘치는 힙합 un jeune survitaminé 활력이 넘치는 젊은이

T

tabacologie [tabakɔlɔʒi] n.f. 〖의학〗 담배·흡연학

tabacologue [tabakɔlɔg] n. 담배·흡연학 전문가

tabasco [tabasko] n.m. 〖상표명〗 타바스코 소스 quelques gouttes de tabasco 몇 방울의 타바스코 소스

tablettage [tabletaʒ] n.m. [지역어: 캐나다] <구어> 떼어놓기, 격리

tabletter [tablete] v.t. [지역어: 캐나다] <구어> 1. 떼어놓다, 격리하다 2. 따로 떼어놓다, 따로 보관하다

tabulation [tabylasjɔ̃] n.f. 〖기술〗 탭 touche de tabulation 탭키

tadelakt [tadlak(t)] n.m. 〖상표명〗 타데락트 ((모로코 궁궐이나 모스크에 사용되던 고대의 전통적인 미장법))

taliban, ane [talibɑ̃, an] n. 탈레반
— a. 탈레반의 milices talibanes 탈레반 민병대

tangelo [tɑ̃ʒelo] n.m. 탄젤로(귤의 일종)

taponnage [tapɔnaʒ] n.m. [지역어: 캐나다] <구어> 시간 낭비

taponner [tapɔne] [지역어: 캐나다] <구어> v.t. 만지작거리다 Arrêtez de taponner les croissants. 크로와상을 그만 만지작거리세요
— v.i. 시간을 낭비하다 taponner à l'aéroport 공항에서 시간을 낭비하다

tartiflette [taʀtiflɛt] n.f. 타르티플레트, (감자, 치즈 등을 이용하여 만든) 감자 그라탱

tartinade [taʀtinad] n.f. 〖상표명〗 [캐나다] 스프레드 tartinade au saumon 연어 스프레드 tartinade d'avocat 아보카도 스프레드

taser [tazɛʀ] n.m. 〖상표명〗 테이저건

tatin [tatɛ̃] n.f. 타탱 ((설탕, 버터, 사과 등을 넣은 프랑스식 파이))

taurine [tɔʀin] n.f. 〖생화학〗 타우린

taxage [taksaʒ] n.m. [캐나다] 세금 강제 징수

tchat [tʃat] n.m. 채팅

tchatcheur, euse [tʃatʃœʀ, øz] n. <구어> 수다쟁이

tchat(t)er [tʃate] v.i. 채팅하다

tchouler [tʃule] v.i. [벨기에] <구어> 펑펑 울다 Arrêtez de tchouler ! 그만 펑펑 우세요!

teasing [tiziŋ] n.m. <영> 『광고』 티징 〔권장: aguichage〕

téléacteur, trice [teleaktœʀ, tʀis] n. 전화 설문조사원

téléavertisseur [teleavɛʀtisœʀ] n.m. [캐나다] 무선호출기

téléboutique [telebutik] n.f. 1. 통신사 대리점 2. 전화 거는 가게

téléconseiller, ère [telekɔ̃seje, ɛʀ] n. 콜센터 상담원 les téléconseillers d'une compagnie d'assurances 보험회사 콜센터 상담원들

télédéclaration [teledeklaʀasjɔ̃] n.f. 인터넷 소득 신고

téléjournal, aux [teleʒuʀnal, o] n.m. [지역어: 스위스; 캐나다] 텔레비전 뉴스

télémédecine [telemed(ə)sin] n.f. 원격 의료

téléopérateur, trice [teleɔpeʀatœʀ, tʀis] n. 텔레마케터 les téléopérateurs d'un institut de sondage 설문기관의 텔레마케터들

téléportation [telepɔʀtasjɔ̃] n.f. 순간이동

téléréalité [teleʀealite] n.f. 리얼리티 방송 programme de téléréalité 리얼리티 방송 프로그램

télétransmettre [teletʀɑ̃smɛtʀ] v.t. (정보를) 원격으로 전달하다 télétransmettre les feuilles de soins des patients à la Sécurité sociale 사회보장제도 기관에 환자의 진료서류를 원격으로 보내다

télévangéliste [televɑ̃ʒelist] n. (미국에서) 텔레비전 전도사

télomérase [telɔmeʀɑz] n.f. 〖생화학〗 텔로머레이스 《염색체를 보호하는 역할을 하는 효소》 La télomérase retarde le vieillissement cellulaire. 텔로머레이스는 세포의 노화를 늦춘다

TER [teøɛʀ] n.m.inv. 지방급행열차 《train express régional의 약어》 la circulation des TER 지방급행열차 운행

teuf [tœf] n.f. <구어> 축제, 파티

teufeur, euse [tœfœʀ, øz] n. <구어> 축제를 즐기는 사람, 잘 노는 사람

teurgoule [tœʀgul] n.f. [노르망디] 트르굴 《쌀, 우유, 설탕 등을 넣어 오븐에 구워낸 푸딩》

tex-mex [tɛksmɛks] a. 텍사스와 멕시코의 요소가 혼합된 요리의 les restaurants tex-mex 텍스멕스 식당
— n.m. 텍스멕스 《텍사스와 멕시코의 민족적 요소가 혼합된 것》 la vogue du tex-mex 텍스멕스의 유행

texto [tɛksto] n.m. 〖상표명〗 문자메시지 envoyer des textos 문자메시지를 보내다

thanatopracteur, trice [tanatɔpʀaktœʀ, tʀis] n. 〖학술〗 시신 방부 처리사

thylacoïde, thylakoïde [tilakɔid] n.m. 〖생물〗 틸라코이드 《광합성을 하는 사이아노박테리아 안에 있는 막으로 둘러싸인 구조물》

tilapia [tilapja] n.m. 틸라피아 ⟪중앙아프리카 나일강 유역의 열대성 담수 어류⟫ élevage de tilapias 틸라피아 양식

tilter [tilte] v.i. <구어> 갑자기 깨닫다, 이해하다 Je n'ai pas tilté immédiatement quand on m'en a parlé. 사람들이 그것에 대해 말했을 때, 나는 즉시 이해하지 못했다

TNT [teɛnte] n.f. 지상파 디지털 텔레비전 ⟪télévision numérique terrestre의 약어⟫ regarder la TNT sur son ordinateur 컴퓨터로 지상파 디지털 텔레비전을 보다

tomographique [tɔmɔgʀafik] a. 〖의학〗 단층촬영의 coupe tomographique 단층촬영 단면도 imagerie tomographique 단층촬영 사진

toner [tɔnɛʀ] n.m. 토너 cartouche de toner 토너 카트리지

touillette [tujɛt] n.f. <구어> 음료 휘젓개 touillette jetable 일회용 음료 휘젓개 recycler une touillette 음료 휘젓개를 재활용하다 tourner une touillette 음료 휘젓개를 젓다

tournante [tuʀnɑ̃t] n.f. <은어> 집단 성폭행

toute-boîte, toutes-boîtes [tutbwat] n.m. [지역어: 북부지방; 벨기에] 무료 전단지, 무료 광고지 Un toutes-boîtes va être distribué le vendredi. 금요일마다 무료 전단지가 배포될 것이다

toxicodépendant, ante [tɔksikodepɑ̃dɑ̃, ɑ̃t] 〖학술〗 a. 마약 중독의

— n. 마약 중독자

toyotisme [tɔjɔtism] n.m. 〖경제〗 도요티즘

TPE [tepeə] n.f. 〖경제〗 초소형 기업 《très petite entreprise의 약어》

trabendiste [tʀabɛndist] n. [지역어: 알제리; 모로코] 무허가 노점상; 암거래상

trabendo [tʀabɛndo] n.m. [지역어: 알제리; 모로코] 지하경제, 암거래, 밀수

traçabilité [tʀasabilite] n.f. 트레이서빌리티, 상품 이력추적 traçabilité de la viande bovine 소고기 이력추적

traçable [tʀasabl] a. 이력추적이 가능한 produits alimentaires traçables 이력추적이 가능한 식료품

tractage[1] [tʀaktaʒ] n.m. 견인, 예인 tractage d'une caravane 카라반 견인

tractage[2] [tʀaktaʒ] n.m. 전단지 배포 campagne de tractage 전단지 배포에 의한 캠페인

tracter [tʀakte] v.i. 전단지를 배포하다 tracter à l'extérieur des marchés 시장 외부에서 전단지를 배포하다 tracter dans la rue 길거리에서 전단지를 배포하다

trail [tʀɛ(j)l] n.m. <영> 경 오토바이, 트레일 바이크

traînerie [tʀɛnʀi] n.f. [지역어: 캐나다] <구어> 뒤죽박죽, 어질러진 물건 ramasser toutes les traîneries sur le sol 바닥에 어질러진 물건들을 모두 치우다

transfecter [tʀɑ̃sfɛkte] v.t. 〖생물〗 세포에 핵산을 넣다

transfection [tʀɑ̃sfɛksjɔ̃] n.f. 〖생물〗 형질주입, 트랜스펙션

transgène [tʀɑ̃sʒɛn] n.m. 〖유전〗 형질전환유전자

transgénérationnel, elle [tʀɑ̃sʒeneʀasjɔnɛl] a. 세대 간의 conflit transgénérationnel 세대 간 갈등

transgenre [tʀɑ̃sʒɑ̃ʀ] a. 1. 트랜스젠더의 les communautés lesbiennes, gays, bisexuelles et transgenres (LGBT) 레즈비언, 게이, 양성애자, 트랜스젠더의 단체 2. 장르가 혼합된 un polar transgenre 장르가 혼합된 탐정물
— n. 트랜스젠더

transneptunien, ienne [tʀɑ̃snɛptynjɛ̃, jɛn] a. 〖천문〗 *Objet transneptunien* 해왕성바깥천체

trash [tʀaʃ] <영> <구어> a.inv. 악취미의, 쓰레기 같은 humour trash 쓰레기 같은 유머
— n.m. 악취미

trekkeur, euse [tʀɛkœʀ, øz] n. 트레커

trois-roues [tʀwɑʀu] n.m. 세발 모터사이클, 삼륜오토바이

tropézienne [tʀɔpezjɛn] a.f. 〚상표명〛 *Tarte tropézienne* 타르트 트로페지엔느
— n.f. 가는 가죽끈 샌들 une paire de tropéziennes 가는 가죽끈 샌들 한 켤레

tue-l'amour [tylamuʀ] n.m.inv. <구어> 사랑이나 욕구를 없애는 언행 따위

tuilage [tɥilaʒ] n.m. 포개기, 겹침

tuning [tyniŋ] n.m. <영> 자동차 튜닝 〔권장: personnalisation〕

tutoriel, ielle [tytɔʀjɛl] <영> a. 컴퓨터 지원 학습의
— n.m. 〚전산〛 사용 지침 프로그램 〖축약하여 tuto라고 쓰기도 함〗

tweet [twit] n.m. 〚상표명〛 <영> 트윗, 트위터로 전달한 메시지 écrire un tweet 트윗을 쓰다 5 conseils pour écrire le tweet parfait 완벽한 트윗을 쓰기 위한 5가지 조언

tzatziki [tsatsiki; tsadziki] n.m. 차지키 ⟪요구르트에 오이, 마늘, 허브, 식초 등을 넣어 만든 그리스 전통요리⟫ 〖tsatsiki라고 표기하기도 함〗

U

ubérisation [ybeʀizasjɔ̃] n.f. 우버화 ⦅수요자와 공급자가 인터넷 플랫폼에서 서비스와 재화를 주고받는 것⦆

ubériser [ybeʀize] v.t. 우버화하다 start-up qui ubérise le secteur de l'hôtellerie 호텔 분야에서 우버화한 창업 기업

uchronie [ykʀɔni] n.f. 〖학술〗 대체 역사 ⦅역사적 사건들이 다르게 전개되는 이야기를 담은 문학 장르⦆

ulna [ylna] n.m. 〖해부〗 척골, 자뼈

ultralibéralisme [yltʀalibeʀalism] n.m 1. 〖역사〗 왕정복고 시대의 극단적 자유주의 2. 급진적 자유주의

ultrarésistant, ante [yltʀaʀezistɑ̃, ɑ̃t] a. 1. 〖기술〗 강력한 내구성이 있는 2. 〖생물〗 *Bactérie ultrarésistante* 내성이 강한 박테리아

UMTS [yɛmteɛs] n.m. <영> 〖통신〗 만국 휴대전화 시스템; 제3세대 휴대전화 시스템 ⦅Universal Mobile Telecommunication System의 영어 약어⦆ 〔권장: système UMTS〕

unidose [ynidoz] n.f. 1회용 포장 collyre en unidoses 1회용 안약

unifamilial, iale, iaux [ynifamiljal, jo] a. [벨기에; 캐나다] 한 가족용의, 한 가족을 위한 maison unifamiliale 단독주택

unilatéralisme [ynilateʀalism] n.m. 〘정치〙 단독주의

urgentologue [yʀʒɑ̃tɔlɔg] n. [캐나다] 응급 처치 전문의

uritrottoir [yʀitʀɔtwaʀ] n.m. 공중 소변기 uritrottoir vandalisé 파괴된 공중 소변기

URL [yɛʀɛl] n.f.inv. <영> 〘전산〙 유알엘, 인터넷상의 파일 주소 (uniform/universal resource locator의 영어 약어) taper une URL 유알엘을 치다 〔권장: adresse universelle/réticulaire〕

urologique [yʀɔlɔʒik] a. 〘학술〙 비뇨기학의

USB [yɛsbe] n.m. <영> 〘전산〙 유에스비 포트 *Clé USB* 유에스비 메모리 (universal serial bus의 영어 약어)

U

V

vapoter [vapɔte] v.i. <구어> 전자담배를 피우다

vapoteur, euse [vapɔtœʀ, øz] <구어> n. 전자담배를 피우는 사람
— n.f. 『상표명』 전자담배

varicosité [vaʀikozite] n.f. 『의학』 정맥류

vectorisation [vɛktɔʀizasjɔ̃] n.f. 『전산』 벡터화

vectoriser [vɛktɔʀize] v.t. 『전산』 벡터화하다

végane [vegan] n. 베간, 엄격한 채식주의자 《vegan이라고 표기하기도 함》
— a. 베간의, 엄격한 채식주의자의 le mouvement végane 채식주의 운동 des militantes véganes 채식주의 운동가/활동가

véganisme [veganism] n.m. 베가니즘

végétalisation [veʒetalizasjɔ̃] n.f. 녹화 végétalisation d'un toit-terrasse 옥상녹화

végétaliser [veʒetalize] v.t. 녹화를 하다 végétaliser un mur 벽을 녹화하다 toiture végétalisée 녹화된 지붕

veinotonique [vɛnotɔnik] 〖의학〗 a. 정맥벽 탄력성 증가의 — n.m. 정맥벽 탄력성 증가

véloroute [veloʀut] n.f. 자전거 도로 les travaux d'aménagement de la véloroute 자전거 도로 정비 공사

vélotaxi, vélo-taxi [velotaksi] n.m. 〚상표명〛 자전거 택시 ((vélotaxi의 복수형은 vélotaxis이고, vélo-taxi의 복수형은 vélos-taxis이다.)) Les sociétés de vélotaxis se développent. 자전거 택시 회사들이 발전하고 있다 Les vélos-taxis sont un nouveau mode de transport apprécié des touristes. 자전거 택시는 관광객들이 선호하는 새로운 교통수단이다

velux [velyks] n.m. 〚상표명〛 벨룩스, 지붕창

vénère [venɛʀ] a. <구어> 화가 난 Elle est vénère. 그녀는 화나 있다 ⦅véner라고 표기하기도 함⦆

ventrèche [vɑ̃tʀɛʃ] n.f. [지역어: 남서지방] 방트레쉬 ((소금에 절이거나 훈제한 돼지고기)) ventrèche fumée 훈제 방트레쉬

via ferrata [vjafeʀata] n.f. (pl. ~s ~s) 비아페라타 ((사다리, 난간, 케이블 등으로 연결하여 만든 암벽 등산로나 암벽 등반))

victimation [viktimasjɔ̃] n.f. 〖학술〗 피해자화 *Enquête de victimation* 피해자 통계 조사

V

victimisation [viktimizasjɔ̃] n.f. <영> 피해자로 만들기, 희생자로 만들기 tomber dans la victimisation 피해자로 몰리다

victimiser [viktimize] v.t. 피해자로 만들다, 희생자로 만들다 victimiser un accusé 피고인을 피해자로 만들다

vide-grenier [vidgʀənje] n.m. (pl. ~-~s) 비드 그르니에, 벼룩시장, 물물교환장터

vidéocapsule [videokapsyl] n.f. 〖의학〗 캡슐 카메라 《capsule endoscopique라고 하기도 함》

vidéoprojecteur [videopʀɔʒɛktœʀ] n.m. 영상 프로젝터

vidéoprotection [videopʀɔtɛksjɔ̃] n.f. 시시티브이(CCTV)에 의한 감시 croire aux vertus de la vidéoprotection 시시티브이 감시의 효능을 믿다

viet vo dao [vjɛtvodao] n.m. 비에트 보 다오(베트남의 무술)

viralité [viʀalite] n.f. 1. 〖병리학〗 바이러스성 2. 〖전산〗 바이럴리티 《사진 또는 영상이 빠르게 유포되는 현상》

virelangue [viʀlɑ̃g] n.m. 잰말 Répétez ce virelangue : ≪Pars à Paris, papa t'y paiera l'opéra≫ 이 잰말을 반복해보세요: "Pars à Paris, papa t'y paiera l'opéra."

virophage [viʀɔfaʒ] n.m. 〖학술〗 바이로파지 《바이러스를 잡아먹는 바이러스》 utiliser des virophages pour combattre d'autres virus 다른 바이러스들과 맞서기 위해 바이로파지를 이용하다

vivre-ensemble [vivʀɑ̃sɑ̃bl] n.m. 〖사회〗 함께 살기 les règles du vivre-ensemble 함께 살기 규칙들 favoriser le vivre-ensemble 함께 살기를 장려하다

volumateur, trice [vɔlymatœʀ, tʀis] a. (머리나 속눈썹에) 볼륨을 주는 mousse volumatrice 볼륨을 주는 무스 shampooing volumateur 볼륨을 주는 샴푸

VPS [vepeɛs] n.m. [캐나다] 펫바이크 《vélo à pneus surdimensionnés의 약어》

VTC [vetese] n.m. 하이브리드 자전거, 도로 하이킹용 자전거 《vélo tout chemin의 약어》

V

W

wakamé [wakame] n.m. 미역 soupe miso au wakamé 미역 미소국

waouh [wau] interj. <구어> 와우 Waouh, tu es superbe ! 와우, 너 멋지다!

WAP [wap] n.m. <영> 무선 응용 프로토콜 ((wireless application protocol의 영어 음절 약어))

wasabi [wazabi] n.m. 와사비

webcam [wɛbkam] n.f. 〚상표명〛 <영> 웹캠 〔권장: cybercaméra〕

webmestre [wɛbmɛstʀ] n. 〚전산〛 웹마스터

webzine [wɛbzin] n.m. <영> 웹진

wengé [vɛŋge; wɛŋge] n.m. 방궤 ((짙은 갈색의 딱딱한 나무의 일종)) parquet en wengé 방궤 마루

whip [wip] n. (캐나다의) 원내총무

widget [widʒɛt] n.m. 〖전산〗 위젯 télécharger des widgets 위젯을 다운로드하다 〔권장: vignette active〕

wifi, wi-fi [wifi] n.m.inv. <영> 〖통신〗 와이파이 《wireless fidelity의 영어 축약》 installer le wifi 와이파이를 설치하다 〔권장: accès sans fil à l'internet〕

wiki [wiki] n.m. 위키, 위키 백과사전 사이트 le développement des wikis 위키의 발전

wok [wɔk] n.m. 웍 cuisiner au wok 웍에 요리하다 faire sauter les légumes au wok 웍에 채소를 볶다

wrap [vʀap] n.m. <영> 랩 샌드위치 des wraps au poulet 치킨 랩 샌드위치

X

XML [iksɛmɛl] n.m. 〖전산〗 확장 가능 마크업 언어, 엑스엠엘 《extensible markup language의 영어 약어》

XXL [iksiksɛl] a. <영> 1. 특대의, 투엑스라지의 《extra extra large의 영어 축약》 un pull XXL 특대 스웨터 un tee-shirt XXL 특대 티셔츠 s'habiller en XXL 특대 사이즈로 입다 2. 거대한, 대규모의 un écran XXL 거대한 스크린 un projet XXL 대규모 프로젝트

xylophène [gzilɔfɛn; ksilɔfɛn] n.m. 〚상표명〛 질로펜 ((나무를 파먹는 곤충이나 흰개미를 예방하기 위해 나무에 주입하는 액체)) 〘xylo라고 쓰기도 함〙

Y

yams, yam's [jams] n.m. 얏찌 ((다섯 개의 주사위를 던져 높은 점수를 겨루는 게임)) jouer au yams 얏찌 놀이를 하다

yassa [jasa] n.m. 야사 ((세네갈 전통 음식으로 양념에 절여 구운 닭이나 생선 요리)) des yassas au poisson 생선 야사

yézidi, ie [jezidi] 〚학술〛 a. 예지디교의 les croyances yézidies 예지디교 신앙 〖yézie; yazidi, ie라고 표기하기도 함〗
— n. 예지디교 신자 les yézidis du Kurdistan 쿠르디스탄의 예지디교 신자

yézidisme [jezidism] n.m. 〚종교〛 예지디교(쿠르드인의 종교)

yocto- [jɔkto] préf. 〚도량〛 욕토(10^{-24})

yotta- [jɔta] préf. 1. 〚도량〛 요타(10^{24}) 2. 〚전산〛 요타(2^{80})

youtubeur, euse [jutybœʀ, øz] n. 유투버

X
Y

youyouter [jujute] v.i. [마그레브] (아랍 여인이 손을 입에 대고 댔다 뗐다 하면서) 소리를 지르다 youyouter de joie au mariage 결혼식에서 환희의 소리를 지르다

yoyoter [jɔjɔte] v.i. <구어> 분별을 잃다, 이성을 잃다, 헛소리 하다 *Yoyoter de la touffe* 이성을 잃다, 미치다 〖yoyotter라고 표기하기도 함〗

yuzu [juzu] n.m. 유자 gâteau au yuzu 유자 케이크

Z

ZAD [zad] n.f. 자드, 보호구역 ⸨불필요하고 비용이 나가는 정비 계획에 반대하는 운동가들에 의해 점령된 구역⸩ ⸨zone à défendre의 음절 약어⸩

zadiste [zadist] n. 자디스트
— a. 자디스트의 militants zadistes 자디스트 운동가들

zappette [zapɛt] n.f. <구어> 텔레비전의 리모컨 【zapette라고 표기하기도 함】

zenitude, zénitude [zenityd] n.f. 차분함, 평온 s'exercer à la zénitude 평온함을 수련하다

zepto- [zɛpto] préf. 〖도량〗 젭토(10^{-21})

zetta- [zɛta] préf. 1. 〖도량〗 제타(10^{21}) 2. 〖전산〗 제타(2^{70})

zinneke [zinœkœ] n. [벨기에] <구어> 1. 잡종개 2. 지네케 ⸨브뤼셀에서 태어나고 자란 사람⸩

zoning [zoniŋ] n.m. [벨기에] 조닝, 산업지구

zumba [zumba] n.f. 『상표명』 줌바댄스 apprendre à danser la zumba 줌바댄스를 배우다

zwanzer [zwɑ̃ze] v.i. [지역어: 벨기에] (브뤼셀 특유의) 농담을 하다

zwanzeur, euse [zwɑ̃zœʀ, øz] n. [지역어: 벨기에] 유머꾼, 해학가